羅伯特·莫里斯

ROBERT MO

王建玫 譯

好好
休一天

Take
the Day
off

領 受 神 所 賜 的 安 息 禮 物

親愛的 ＿＿＿＿＿＿＿＿

神邀請你——送給自己「安息」這份禮物。

祂真的渴望看見你健康、完全和蒙福，

而且，這絕非只關乎你個人而已。

敬上

＿＿＿＿＿＿＿＿

獻　詞

我想要感謝 Gateway 教會的每一位會友與長老，謝謝他們活出了這些原則，並且了解對我來說，活出這些原則是多麼地重要。

我想要感謝大衛・荷蘭（David Holland），成為我這本書和許多其他著作的寫作夥伴。他幫助我把許多神賜給我的真理以文字方式表達出來，他實在是個合神心意的人，憑他的條件也絕對堪稱為是名神學家，非常地有天分，並且非常努力地在精進個人寫作技巧到一個臻於至善的境界。恐怕只有到永恆才能夠曉得，他到底幫助了多少人更認識神和祂的法則了。

目錄 • Contents

I   聯合推薦

VIII   推 薦 序 該是好好休息的時候了／陸可鐸

X   引   言 自此開始！

01   第一章 久被遺忘的誡命

31   第二章 誰有空休息啊？

59   第三章 健康的四大量表

81   第四章 安息日是為你而設

99   第五章 善待自己

125   第六章 遠離塵囂

153   第七章 優先次序

185   第八章 絕非只關乎你個人

209   第九章 安息與謙卑

229   第十章 此時不休，更待何時

聯合推薦

安息是一種生活模式，安息是要刻意去守住的，安息是憑著信心跨出去，安息是為了領受從神而來更豐盛的祝福。為了有一個健康又安全的婚姻生活，要好好分別自己享受安息，不要再讓師母生氣了！你今天有感受到安息嗎？好好去休息一下吧！

宋達民

藝之星教會主任牧師

我才剛從五個禮拜的安息休假回來，這也是有史以來我沒有做過的事情，從另一個角度來講，接主任牧師才一年多，會做這樣的安排，其實也是很罕見。

但是我要說，這五個禮拜的安息跟休息，從我個人到婚姻、到家庭、到事工、我看事工的眼光，甚至是對我靈魂體的影響，都是一個根基性的恢復跟翻轉。

我從小到大，在全職的家庭裡面長大，到後來我們自己作傳道人，對於安息日的這個誡命其實是一個非常忽略，也不覺得是一個很重要的誡命。

透過接觸到羅伯特・莫里斯牧師跟 Gateway 教會，我們才開始慢慢的去明白，神對這個誡命的心意。所以從長遠的角度來看，這個啟示對我個人來講，其實是救了我、救了我的服事、救了我的家庭、救了我的婚姻。

若不是接觸到 Gateway 教會跟羅伯特・莫里斯牧師，我根本連這樣的一個渴望、想法跟需要大概都不會察覺到，這就是為什麼這本書會很重要、很關鍵。

因為很多時候我們不會察覺到我靈魂體的一個缺乏，直到太晚；這也是為什麼神要設立安息成為一個誡命。

特別對華人的文化、華人的傳道人來說，我們嘗試用殷勤工作、服事，或是透過各樣屬靈的方式去找到重新得力的祕訣。但卻忽略了，其實安息日本身就是使我們靈裡得休息和恢復的關鍵。這樣的恢復也包括我們個人身體和魂的恢復，延伸到家庭關係結構的恢復、我們生命重新與神對齊，然後在各樣優先次序上的調整。

2022 年 3 月的時候，我花大概二週到三週，其實也是在講安息，我們談到很多「回到起初的愛」，這也是我們今年教會的異象。而安息跟「回到起初的愛」也非常有關聯。

我們常在忙碌當中找到我們的價值，或者是說，在一個不確定我們價值當中，去藉著忙碌找到我們的安全感，那這也是華人的問題。我們殷勤是一個很好的美德，可是當你停不下來、靜不下來的時候，其實代表我們的根基，有些東西是沒有建立在神的上面，我們常說：「若非耶和華建造房屋，建造的人就枉然勞力；若非耶和華看守城池，看守的人就枉然警醒。」

可是最後我們卻發現，為什麼我們停不下來？

就是因為我們覺得，當我不看守，就沒有人來看守；當我不再建造，就沒有人來建造；所以其實安息是回到一個對神的信賴，完全在祂的愛裡面，相信其實真正做工的是神。

所以，我真的非常推薦這本書，我盼望更多的教會、更多的傳道人、更多的弟兄姊妹，能夠看重這個議題。

周巽正

台北靈糧堂主任牧師

你知道台灣可能有超過一百萬個心力耗竭症候群的患者，他們除了身體疲憊不堪，最明顯的症狀還包括：憐憫和同情心的消退，並且缺乏有效服事他人的情感動力。若你是牧者、傳道人，你的教會越大、增長越多，你一定會越累，身心靈和婚姻家庭也可能會越不健康。「天父的愛」創辦人、《兒子的超自然覺醒》作者 Jack Frost 說：「我發現一個健康的牧師不見得能建立健康的教會，但是一個不健康的牧師或領導團隊，絕對會帶出不健康的教會。」他自己的服事也曾走到耗竭的地步，而且根據統計數字顯示，每天都有成千上萬的牧師和傳道人離開服事崗位，很多同工無法再繼續服事下去的理由都是 burn out（心力耗竭），而我相信解答就在這本書中。天國的文化就是健康的文化！我要說，這本書中長壽與持久影響力的原則，真的救了我的命和我回應神呼召的能力，當我把握住這些真理，並且在服事和生活中越來越健康、喜樂、輕省和安息，不知不覺的，我就成為這位美好天父的見證人！

周巽光

靈糧全球使徒性網絡副執行長
Asia for JESUS 國度豐收協會執行長
台北靈糧堂青年牧區區牧長

拜讀此書，讓我在事奉的掙扎、疲憊、忙碌的上癮中，深深得著開啟和釋放。作者從個人真實內在世界中的忙碌、律法主義、宗教心態，探究安息之重要及神為何如此看重，並運用聖經中休息的原則及實際作法，如何成為個人行程表中「首要」節奏。

當您閱讀默想，必帶給您重新省思時間使用優先次序所帶來超自然大能的祕訣。

書中也提到，我們如同一輛油罐車，但我們是否願在「儲油站」停下腳步加

滿油，且認出這位慈愛、賜下安息原則的父，帶我們進入自由、喜樂、滿溢的生活裡。

鼓勵您好好品嚐此書的箇中滋味，體會活出安息的實際生活模式，領受神救贖計畫的祝福！

張靜蓉

靈糧教牧宣教神學院南部分院院長
台南靈糧堂執行牧師

羅伯特·莫里斯在建立 Gateway 教會第五年，因全力衝刺而精疲力竭，教會決定讓他休假六個禮拜。就在六個禮拜快結束時，他發現自己還是未能恢復，因此延長兩週休假。

在某個早上，他醒來時，忽然覺得自己完全回神，好像回到五年前剛開始創立教會時一樣充滿活力。

上帝提醒他，他剛好休到了第五十三天。主對他說：「你就是少休了五十二天，那剛好是一整年的安息日。」

莫里斯的經驗讓人驚艷，原來上帝是玩真的。

以色列人因為未讓地守安息，被擄到巴比倫，讓地享安息七十年，上帝也是玩真的。這就是祂所設立的律，祂把祂的賜福放在安息之中。

因著信任上帝而好好休息的人有福了！

喬美倫

靈糧教牧宣教神學院副院長
職場轉化學院院長

對每一位基督徒來說,這是一本非常切身重要並且實際可行的好書,許多人在天路的歷程中耗盡或跌倒,表面的理由是脫離不了肉體的情慾,眼目的情慾,和今生的驕傲,也就是 3G 的誘惑!

但實際的原因是,沒有遵循十誡守安息日的教導,身心靈沒有得到好好的調息,以致太忙了、太累了、也太茫了!最後的一根稻草,可以壓垮一隻駱駝,一條內褲、一雙襪子,也可以搞垮一個有能力的牧師,值得我們引為鑑誡!

本書作者也透過自己反敗為勝的親身見證,提供我們實際可行的方法,在日常作息中安排好好休息的一天,靠主可以重新得力!祝福每一位讀者都能照著主的吩咐,以至於凡事興盛、身體健壯、正如靈魂興盛一樣。

鄭博仁
浸宣武昌教會顧問牧師

身為一個連結眾人的全職牧師,同時又是一位女性,是太太,是家中的媽媽,是高齡父親的女兒,是節目主持人,是多媒體產出者……等等。

有太多議題,讓我跟時間賽跑;有太多需要,讓我不斷地要最快速的時間內回應。

每個訊息,都像十萬火急一樣,需要你馬上產出結果來。

越是強調要平衡,壓力就越大。彷彿是馬戲團裡面,耍盤子的那個人,同時讓二十個盤子,在你身上鑽,一個都不能掉落。

很感謝作者,用一些很具體的比喻和對照,清楚的量表,讓我們明白:我真正需要的是什麼?特別作者提出的:「我沒有要你在服事別人的時候,油箱是處在『幾乎快要』全滿的狀態,而是應該要是『不斷滿溢出來』。孩子,你的福杯應該要一直滿溢才對,那才是我希望你擁有的。」

同時指出:「靈命、身體、情緒和精神,這四個不同的儲存桶,我們必須經

常為這四個桶子加油。」

真誠的推薦這本書，相信你翻開這本書，給自己一個安靜的空間，就是讓自己再次加油的開始。

黎源悅

新竹市基督教聯合關懷協會執行長

羅伯特・莫里斯算是我所認識的人當中，恩賜最為獨特的一個人了，他的著作對許多教會來說，都具有相當深刻的影響，Gateway 教會更可以說在教會歷史中，佔有了一席之地。我想，羅伯特大可以說自己的影響力是來自於個人的能力與恩賜，不過，他竟不藏私地與我們分享了那背後的驚人祕訣。安息是他過生活的方式，而他的內在世界之所以可以如此蓬勃發展，就是因為他發現了神在他生命中運行的節奏，這也是為什麼他能夠非常激進地慷慨給予。這本書我強烈鼓勵每位信徒都應該要一讀再讀，我也禱告每個基督教家庭都要以此為生活中不可或缺的一環，好叫我們不僅能夠運行在最高的層次，並且連帶興起下個世代來效法我們的榜樣。是時候該找出神在我們自己生命裡面運行的節奏，好叫我們能夠去影響身邊的人，並使神得著榮耀。

比爾・強生 Bill Johnson

加州雷汀市伯特利教會資深領袖
著有《天國生活》、《我家也有巨人終結者》
（以上皆為異象工場出版）

《好好休一天》實在是本不可多得的好書，相信會有助於讀者實際明白，神對我們在休息這個部分的旨意為何。這本書將會讓你看見，到底為什麼休息如此重要，休息又會對我們的生活各個層面有何益處，以及為什麼神如此看

重這件事。我很感謝羅伯特牧師的領導風範，他的服事和他如何以身作則，相信我的生命將持續地被他的聲音給激勵。

查德 · 維奇 Chad Veach

ZOE 教會主責牧師
著有《不合理的盼望》（Unreasonable Hope，暫譯）
《憑著信心勇往直前》（Faith Forward Future，暫譯）

我合作的對象經常是公司的執行長，或是其他高效能工作者，他們最常碰到的問題就是負荷過大。時間和空間上的界線似乎已不復存在，這年頭，幾乎任何一個人（包含老闆也是）都可以隨時隨地就找到你。除非你有記住神命令我們要好好守住休息的時間，否則你就會一直處在危險之中。神經科學和其他領域已經證明了這點確實是千真萬確，羅伯特則是讓我們有實際的作法可以依循，謝謝你提出這個諫言！

亨利 · 克勞德博士 Dr. Henry Cloud

心理學家
共同著有《過猶不及》（道聲出版）

幾年前，當羅伯特牧師在教導安息日的重要性時，我得著了一個很深的啟示。把這些原則運用在我個人的生活後，不僅我個人和家庭都大大地改變了，也讓我們能夠好好地來跑這場人生馬拉松耐力賽。我鼓勵各位也來讀這本書，並將其中的智慧運用在個人生活裡！

凱芮 · 裘 · 卡恩斯 Kari Job Carnes

敬拜主領和歌曲創作者

該是好好休息的時候了

陸可鐸（Max Lucado）

羊不能睡覺。或許，這是為什麼我們總是靠數羊來幫助我們入睡吧，因為牠們總是得要醒著。

羊很難靜下來。這點也可以理解，畢竟牠們一點防禦能力都沒有，既沒有尖牙也沒有利爪，跑得又慢。要是跌倒了，要再站起來也很不容易。他們無自我保護的能力，因此對於要放鬆，牠們總是不免遲疑。

羊如果要能睡個好覺，必須把一切都確定好：不能有掠食者、羊群中不能有緊張氣氛、沒有蟲子在飛、肚子不能餓，就是要確保一切都有顧好。很遺憾的是，羊無法自己找到可安歇的青草地、也無法噴殺蟲劑、無法靠自己解決摩擦衝突、也沒辦法自己找食物。牠們需要幫助，牠們有牧羊人來幫助他們「躺臥在青草地上」（見詩篇二十三篇 2 節），若是沒有牧羊人在身邊，羊就無法安息。

若是沒有牧羊人，你和我也無法安息。

努力工作，有錢就要賺，有學位就要拿，好像非往上爬不可。忙碌的重要性僅次於敬虔；我們把愛迪生（Thomas Edison）視為偶像，因為他說自己是靠十五分鐘的午覺過活（可是我們卻忘了提愛因斯坦〔Albert Einstein〕，他平均每晚的睡眠時間是十一個小時）。1910 年的時候，美國人平均會睡九個小時，但是現代人只睡七小時，還覺得沾沾自喜。這是為什麼我們總是感到疲憊，我們的頭腦很累、身體很累，不過，更值得注意的是，我們的心也累。

人本是永恆的受造之物，因此會問永恆的問題。我從哪裡來？我要去哪裡？什麼是對？什麼是錯？如果我做錯了什麼，要怎麼做才能修正？這世界有造物主嗎？造我的那位是否在乎我呢？我們的心出於本能地會想問這些問題。而當這類的問題一直找不到答案的時候，我們就容易難以入眠。

不過，我們都太忙於謀生，以至於完全無暇思考人生意義。

我們的好牧人有個更棒的想法。「祂使我躺臥」（見詩篇二十三篇2節），這位帶領我們的牧人，祂的心意是要恢復我們。而在此恢復計畫中，有制定了休息的時間，也包含了安息日。

該是好好休息的時候了。羅伯特‧莫里斯在這本充滿大能又能恢復健康的書裡，呼召我們要回到這個定期使自己重新得力的古老方法。我很愛羅伯特，他是我非常要好的一位朋友，他總是不吝於分享個人的智慧，也樂於教導人如何作領袖。神給了他一篇我們這個世代迫切需要的信息，相信這本書必會大大祝福你。讀完後，請再讀一遍。

司布真（Charles Spurgeon）在上個世紀，也對他講道學的學生們提出這個建議：

> 就連馱獸偶爾也需要可以無所事事一下；海在漲潮與退潮之間，也有憩潮的時候；土地到了冬季自然就會進入休耕；至於人，就算被推舉為神國大使，也得休息，不然就等著倒下；也得修剪燈芯，否則就是等著燒盡；必須讓自己恢復體力，否則就等著未老先衰……有時候少做一點，如果拉長地來看，反倒能夠使我們成就更多。[1]

一把弓若是一直彎折，就會有折斷的可能；地若要結出果子，就必須要有休耕期。至於你，若是想要健康，請務必要好好休息。放慢腳步，神就必施行醫治。除了身心可以放鬆之外，更重要的是連靈魂也都能夠得著安息。祂必會領你到青草地上。

1.《遇見司布真》（Encounter with Spurgeon），哈姆特‧蒂利克（Helmut Thielicke）著，約翰‧多柏斯坦（John W. Doberstein）譯（Philadelphia: Fortress Press, 1963 年出版；Grand Rapids, Mich.: Baker Book House, 1975 年再版）；原文書第 220 頁（此為再版的頁數）。

自此開始！

到底有什麼事可以讓一個大男人——而且他還是個有頭有臉，在某間成長迅速的大型企業擔任負責人，率領著無數員工的人——突然變得哭哭啼啼、不知所措、衣衫不整，如同一灘爛泥般地躺在自己家中的更衣室裡？殊不知只要天時地利人和，這件事要發生，其實出乎意料地再容易不過。「有多容易？」你可能會想問。幾年前的某個早晨，我不過是抽屜打開發現裡面一雙襪子也沒有，就徹底崩潰了。

沒錯，那個人就是敝人在下我。

當時，我有幸在美國德州達沃地區一帶的 Gateway 教會牧會，該教會在那些年間成長相當迅速。這間教會是由幾個朋友在某人家的客廳裡小組開始的，但打從那天起，我們就一直都像是不要命似地在全力衝刺，而我尤其如此。任何教會在草創時期，創辦人大概都得要身兼數職，除了講道之外，也必須負責管理、營運、人事，對了，偶爾還要當一下清潔工。

成長會使得人手變多，並衍生出不同的部門，然而，壓力和需求也就會隨之而來。後來主日多了第二堂聚會，很快地，禮拜六晚上也有聚會，接著兩天的聚會都不止一堂。才過不到幾年，我發現自己每個週末都要講五到六堂道，平常週間則是要帶領一大群員工，而且人數似乎還在不斷持續增長中。

同時，也因為教會的快速成長和出了幾本暢銷書，我經常會受邀去北美或是世界各地分享。我覺得自己有義務要盡可能地答應這些邀約，我心想：「畢竟，如果不是神要我去幫助這些人的話，他們怎麼會來邀請我呢，是吧？」但我通常都沒有求問神，就直接認定每個邀約都是神的恩寵與祝福。而且既然要作個好管家，就是每一個來邀請我的人都非答應不可呀。我也一定要全心盡自己所能地作個好丈夫、好爸爸才行；沒錯，我個人確實有心，價值觀和出自聖經的信念也都要求我把家庭擺在第一位，因此我非常努力地

在照著這個信念而活。不過其實好多年來，我一直都是在油箱已空的狀態下運轉，不過出來混的最終總是要還的──而且是生理、心理和情緒上都積欠不少。

我其實不是我們家裡唯一一個把自己給操過頭了的人，在這個教會成長的過程中，我的太太黛比發現自己要做的事情和得出席的場合也變得越來越多。也正因如此，我才會在她剛好去參加姊妹特會不在家的那個禮拜，把自己給逼到了「崩潰絕境」。

那週，在注定要來的那個早上，我一早拖著疲憊的身軀下了床，腦子裡早就已經開始不斷閃過那天必須完成的諸多事項，也想著得要好好利用許多會議中間的寶貴空檔去完成這些待辦事項。腦中每個待辦事項似乎都相當重要，逐漸塞滿我行程表的每個會議，看起來也都不該推掉。我本能上很實際地開始嘗試要按照優先次序進行排列，但沒有一件事感覺不急呀，所有事都在爭著要被列為「優先處理」的急件。

┃腦中每個待辦事項似乎都相當重要

火速沖完澡後，我準備要去穿衣服，當我一打開衣櫥裡的內衣櫃，眼前的那一幕簡直令我怵目驚心。

我只剩下最後一件乾淨的內褲可以穿了。

我內心立刻警鈴大作，「這樣我明天可怎麼辦好？居然沒有內褲可以穿了！？」在我穿上僅有的那一條內褲時，我勉強向自己精神喊話，想著：我一定會找到解決辦法的，畢竟還有二十四小時可以處理這個危機。

接著，我打開放襪子的那格抽屜，沒想到裡面竟是「空空如也」。

我知道現在講起來好像很可笑，可是當時那真的是壓垮駱駝的最後一根稻草，雖然只是一件微不足道的小事，但就足以使得我原本就已經處於易碎狀態的身心靈，在那一瞬間徹底崩壞。沒錯，雖然那根稻草看似輕如鴻毛，但對於一隻自己都已經站不穩的駱駝來說，還是超過了牠所能負荷的重量。有時候可能一連下了好幾個月的雪，原本也都沒怎麼樣，但是等到某根樹枝

突然斷了的時候，雪崩就一發不可收拾地排山倒海而來。那天「沒有乾淨襪子可穿」就是那根斷了的小樹枝，內心一股極深的憂傷湧上心頭，整個人跌坐在地上開始哭了起來。

各位，請不要因此而論斷我，我可是很能夠自己洗衣服的，畢竟黛比可是有授權讓我可以操作家裡那台美泰克前置式洗衣機。再不然，身為一個有行為能力的大人，身上的皮夾裡也有現金，我其實大可以在上班前繞去賣場，用自己的錢買雙襪子或內褲就得了，這個問題其實很容易解決。可是在那個當下，我居然完全腦筋一片空白，什麼辦法都想不出來。任何一種解決辦法，哪怕看起來再怎麼簡單，都等同於是「要多做的一件事」。但由於我的腦袋一直處於過勞狀態，也很少讓自己的心好好靜下來過，我實在是身心俱疲到無法做出抉擇。基本上，心力交瘁已經讓我完全失去行為能力。

現在的我可以回頭笑看 2005 年的那場內褲大危機，也覺得那實在是愚蠢至極，後來我總算是振作了起來，從髒衣籃裡找到了兩隻一樣的襪子（應該是有啦），就出門並且安然度過了那一天。雖然我只有絕望了一下子，但那就已經足以對我產生嚇阻作用。因此當我一到辦公室，便當機立斷把握住機會，把這個祕密告訴資深執行牧師湯姆‧連恩（Tom Lane）。湯姆一直都是一個非常有智慧的顧問和摯友，基本上，我信主有多久，他就幫助和服事了主任牧師多久。我向他描述了我那天早上的慘況，最後忍不住問了他，我一整個早上都不斷在想的問題：「湯姆，我是不是瘋了？」

他笑了一下並說：「不，羅伯特，你只是累壞了。你一直以來都把自己逼得太緊了，你只是需要好好真正休息一段時間。」他說的一點都不錯，這個當代的大流行病在不知不覺中，讓我也成了另外一名受害者。

說是流行病或許是有點言重了，不過，倒是形容得挺恰到好處。差不多就是在一百年前，有另外一場橫掃了全世界的另類大患，有上百萬的人因此而喪命。1918 到 1920 年間，全球大約有五億人得了西班牙流感，造成其中五千萬到一億人死亡。根據估計，美國境內百分之二十八的人口都被感染，並且有五十萬到六十七萬五千人死於該流感。

在流感大流行的那段期間，許多美國人每天早上打開報紙，就會看到頭版上面有兩排名字，其中比較短的那份名單，是一次世界大戰中喪命的軍人，

至於比較長的那分名單，則是死於這波西班牙流感的人。

　　值得感謝的是自從那些可怕的日子過去之後，醫學與科技在這個世紀裡有了極大的進展，努力不讓疾病再度成為死亡人數攀升的原因。只不過這樣的進展也有其代價要付，現代科技的發達成了一把兩刃的利劍——生活步調變快、工作時間延長、即便下班回到家後，還是離不開工作。

　　幾乎所有西方世界的人都經歷到了這些變化，然而，美國因著自己獨有的文化恐怕是有過之而無不及。我們這個國家是建立在自由、個人主義和以成就為導向的概念上，感謝有上帝的幫助，當年那些建國者才能夠營造出這麼一個充滿無限可能性的地方，好像階級或是出身都算不了什麼，只要願意努力工作、犧牲並全心投入，任何人都能夠有番作為。美國之所以吸引了來自世界各地那些貧窮的、被踐踏的人，不是因為它有多棒的社會福利安全網（這在美國根本不存在）。許多人把美國視為應許之地，主要是因為一個人可以在剛到美國的時候身上一毛錢都沒有，但只要他夠努力、省吃儉用、有才華和抱負，就能夠成為他想要成為的人。

　　沒錯，只要有體力、創意和夠勤勞，這人就一無所限，這是美國夢的核心宗旨，也的確是件很棒的事。不過，過去這幾百年來，我們卻把老一輩的人都明白也分別為聖的事情給拋諸腦後，就是讓人可以「好好過生活」的那件事，而這將是我們接下來在這本書裡要一起來好好探討和發現的那「遺失的美好」。但在我們繼續讀下去前，請各位要先曉得就是因為我們摒棄了這件事，使得一波另類疫情在我們的國家裡面蔓延開來。

　　確實，當我們的文化是不斷地強調要透過個人努力以追求自我進步或提升，那麼有幾百、幾千萬的人累得半死，或是完全消耗殆盡恐怕也是在所難免。因為我們幾乎沒有停下來或是稍作休息的時間，也從來沒有安靜下來過。我們幾乎「無時無刻」都在被不同的任務、訊息、義務、刺激和麻煩給轟炸，那使我們的健康受到極大的虧損，也是使身、心、靈都染上了疲憊的瘟疫。

> 我們幾乎沒有停下來或是稍作休息的時間，也從來沒有安靜下來過。

而且不是只有大人才會受到這場 21 世紀疫情的毀滅性影響所困，有越來越多的孩子也成了這項忙碌文化的受害者。令人難以想像的青少年和準備進入青春期的孩子，都把行程排得太滿、從事過多外務和休息嚴重不足，結果就有越來越多的孩子都呈現出壓力過大和過勞的徵兆。

　　我沒有要指責任何人的意思，因為我打從一開始就講得很清楚了，就連我自己也是這場現代瘟疫的受害者。接下來，我將要介紹給各位這個長久以來都不被看重，但卻具有革命性的屬靈解答，然而事實上，在主打開我的眼睛看明白這一切之前，這場瘟疫曾不止一次讓我幾乎失去自己的行為能力。而我實在感到相當地榮幸，也很興奮能夠提供給各位這個出自聖經並曾救我一命的解藥。

　　大約是在二十五年前，有位名叫理查 • 史文生（Richard Swenson）的家醫科醫生，他本身是位基督徒，寫了相當具有真知灼見並且就像及時雨般的一本書《生命的留白 —— 為負荷過重的生命找回情緒、身體、金錢、時間的失土》（Margin: Restoring Emotional, Physical, Financial, and Time Reserves to Overloaded Lives），許多人帶著不同的疾病，或是因為身體狀況崩壞來向史文生醫生求診，他也找出了那個共同的病灶。到底其病因 何呢？在他看來，太多人的生活都太少「留白」，他甚至直言大部分的人都在過「塞好塞滿」的人生。史文生醫生到底在說什麼？他在書裡開宗明義地呈現出生活「有」留白與「沒有」留白的反差：

　　　　塞好塞滿的人生就是看醫生的時候會遲到三十分鐘，因為前面去銀行辦事已經先遲到二十分鐘，會遲到那二十分鐘也是因為送孩子去學校時就先遲到了十分鐘，至於會遲到那十分鐘，都是因為車子還沒到加油站就已經沒油了—而且你還忘了帶錢包。如果是有留白的人生，是爬樓梯上去還有時間喘口氣、到了月底不會成為月光族、即便孩子的青春期快要走完了，身為父母的理智還是可以不斷線。

　　　　塞好塞滿的人生是孩子一邊哭個不停，同時電話還響了半天

都沒人接；留白的人生是下午有阿嬤可以來帶小孩。塞好塞滿的人生是被要求要一肩扛起超出自己能力範圍的負擔，留白的人生則是能夠有個朋友為你分擔掉一半的重量。塞好塞滿的人生讓你沒空讀完那本在講壓力是怎麼一回事的書，留白的人生不光可以把書讀完，而且還有時間從頭到尾再翻第二次。[1]

　　請試想一下：要是這種塞好塞滿的人生——以及隨之而來在生理、心理、情緒和財務方面所需付上的代價——在九〇年代的中期就已經是個非常顯著的問題，那到現今肯定是會加劇許多。史文生醫生這本書是在電子郵件和網路才剛開始萌芽的階段出版的，當時有「行動」電話，但還不像現在這麼地「智慧型」，臉書、IG、推特等社群軟體的這些創辦人，在當年也都還只是關在房間裡用超級任天堂遊戲機在玩「馬力歐賽車」的小鬼頭。過去這二十年來，在科技上有不少令人眼花撩亂的改變，它們的出現不過是讓人們的生活變得更加擁擠、匆忙和忙碌。如今已經有不少單位都提出警告，人生處於滿炸狀態的這場瘟疫已經使得全人類在身心方面都損失慘重。

　　若是以醫療前線為例，CNN 曾在 2017 年發布一則以「壓力正在扼殺我們」為題的報導：「根據疾病管制局的資料顯示，這數十年來，全世界人口罹患壓力相關病症的數字正不斷攀升。」[2] 同樣地，2016 年的一項研究針對全美不同種族和收入階層的人口「生理上的壓力負荷」進行測量，研究發現，心臟、腎臟或肝臟疾病相關的健康指數與壓力指數的關係密不可分，此外也發現美國人平均承受的壓力負荷，自 70 年代晚期以來急遽地增加了不少。[3]一名研究如何在工作與生活取得平衡的專家聲稱：「前六大死因當中有五項都與壓力脫不了關係—心臟病、癌症、中風、下呼吸道疾病與意外；根據估計有大約七成五到九成的病患，都是因為壓力造成的毛病而就醫。」[4]

> 美國人平均承受的壓力負荷，自 70 年代晚期以來急遽地增加了不少。

當我們的生活繼續一直填滿下去，傷害到的不光是自己的身體而已，它還會毀了我們的心理和情緒上的健康，我自己就也嘗到了這個苦頭。有份關於心理健康的網路資料列出了下列表示累過頭（burnout），或是情緒上過度疲憊的警訊：[5]

  · 感到失敗或是自我懷疑

  · 感覺無助、受困、挫敗

  · 情感分離，感覺自己是孤單一人

  · 失去動力

  · 越來越憤世嫉俗，看事情的眼光變得負面

在現今的文化下，有數以百萬計的人，每天都帶著這些症狀過生活，其中還不乏基督徒。著有《重啟－在耗盡文化中活出由恩典調節步調的生活》（Reset: Living a Grace-Paced Life in a Burnout Culture）一書的基督徒諮商師大衛・默里（David Murray）說，身處在教會的我們，正在面臨一場「過勞瘟疫」。[6] 從我認識的其他牧者看來，這話確實說得一點都不錯，「過勞」這個字與「事工」變得幾乎是密不可分。

對許多美國人和他們的醫生來說，想要排解過勞和壓力所帶來的負面影響，似乎只能投靠地方藥局。2013 年的一項研究指出，美國每六個人就有一人在服用像抗焦慮或是抗憂鬱症等的精神疾病處方藥物。[7] 這些藥物服用者當中，潛藏著相當高比例的人在生活中總是塞好塞滿、完全不留白，簡單地來說，就是長久以來一直都沒有休息夠，所帶來的負面影響造成他們在生理或是心理上不堪其擾。

對任何人來說，光是在生理、情緒和心理上受到的衝擊就已經夠難受的了，要是再加上社會所必須付上的成本，似乎就像是場危機了。《富比世雜誌》（Forbes）在 2016 年所刊登的一篇文章嘗試要為這樣的危機定價，看看它到底對經濟造成了多麼高昂的傷害。報導中指出，有項研究估計約為「每天有大約一百萬人因為壓力而無法工作」，若從美國勞動生產力的角度來說，形同每年大約損失了一千五百億到三千億美金（約為台幣三兆五千億到將近

十兆元）的產值。[8]

　　我很清楚地知道精疲力竭對我個人來說絕對是個危機，它同樣也危害到你，或是某個你所愛的人。

　　到底解答在哪呢？這個疫情有藥可以醫的嗎？很開心地跟各位報告，確實有解套辦法。然而，也好像大部分那些管用的解決辦法一樣，原來這個辦法從頭到尾都一直藏在眼前——也就是我們的聖經裡。

----

1. 《生命的留白——為負荷過重的生命找回情緒、身體、金錢、時間的失土》（暫譯，原文書名：Margin: Restoring Emotional, Physical, Financial, and Time Reserves to Overloaded Lives），理查・史文生（Richard A. Swenson）著，Kindle 版（Colorado Springs: NavPress, 2002 年出版）；原文書第 13 頁。

2. 《壓力正在扼殺我們》（Stress Really Is Killing Us），Daniel Keating 撰寫，CNN，2017 年；參考網址：https://edition.cnn.com/2017/04/02/opinions/stress-killing-us-keating-opinion/index.html。

3. 《錢多負擔就輕點》（Money Lightens the Load），Diane Whitmore Schanzenbach 等人撰寫，HamiltonPRoject.org，2016 年；參考網址：https://www.hamiltonproject.org/papers/money_lightens_the_load。

4. 《你有四分之三的醫藥費都是花在它身上》（Three-Quarters of Your Doctor Bills Are Because of This），Joe Robinson 撰寫，HuffingtonPost.com，2013 年；參考網址：https://www.huffingtonpost.com/joe-robinson/stress -and-health_b_3313606.html。

5. 《職業倦怠的預防與治療》（Burnout Prevention and Treatment），Melinda Smith 等人撰寫，HelpGuide.org；參考網址：https://www.helpguide.org/articles/stress/burnout -prevention-and-recovery.htm/（2018 年 11 月有效）。

6. 《造成這場過勞瘟疫的四個文化因素》（4 Cultural Factors that Contribute to Our Epidemic of Burnout），大衛・默里著；Crossway.org，2017 年；https://www.crossway.org/articles/4-cultural%20-factors-that-contribute-to-our-epidemic-of-burnout/。

7. 《美國人中每六人就有一人在服用精神病藥物》（1 in 6 Americans Takes a Psychiatric Drug），Sara Miller 著；《科學人雜誌》（Scientific American），2016 年；https://www.scientificamerican.com/article/1-in-6-americans-takes -a-psychiatric-drug/。

8. 《倦怠代價之高》（Here's What Burnout Costs You），艾希莉・史塔爾（Ashley Stahl）著；2016 年於 Forbes.com 出刊；https://www.forbes.com/sites/ashleystahl/2016/03/04/heres-what-burnout-costs-you/（2022 年 8 月有效）。

第 1 章
久被遺忘的誡命

人不能違背誡命，因為一旦違背誡命，就是在毀壞個人生命。

—— G.K. 卻斯特頓（G.K. Chesterton）

約莫三千五百年前，有一大群人──約為兩百萬人左右──在位於現今以色列東南方沙漠裡最崎嶇的一座山腳下紮營，他們一邊在等，但也不太確定究竟在等什麼。幾天前，他們的領袖上山去與那位充滿奧祕的神會面，五十天前就是同一位神奇蹟地帶領他們離開了過去在埃及被奴役的生活。

　　透過他們的代表摩西，以色列十二支派發現自己即將要與至高神進入一段神聖的盟約關係，這份盟約使得他們自此被分別出來，並在全地上的所有人當中成為獨特的一群百姓。據說是要變成選民，不過被揀選之後到底要幹嘛？有一嬰孩要從他們中間而生，就血統、先知性和文化來說，最終那位全地的救主將藉由這群蒙揀選的百姓降生在這世界上。神花了很長的一段時間並透過許多預言講到這名後裔，也不斷地計畫著祂的誕生。打從人類在伊甸園裡一墮落之後，神就應許這位未來的救贖者將會是「女人的後裔」，而祂將要傷蛇的頭。[1] 神在應許以色列人之父亞伯拉罕時就預表了這位後裔：「地上萬國都必因你的後裔得福。」[2]

　　這名後裔將要從以色列這群選民中間而生，祂來就是要恢復自從亞當墮落之後所毀壞了的一切。人類因著墮落而與自己的造物主隔絕，這名應許之子將重新與神連結，不過前提是在接下來的一千五百年裡，這群百姓必須要存活下來，而且要照著神的計畫一直分別為聖下去。

　　換言之，全人類的永恆命運都緊繫於以色列人身上，要看看是否就算過了好幾個世紀，他們還能作為一群與眾不同的百姓，並且處在一個健康且繁榮的社會當中。

　　盟約或許很像一份合約，不過卻遠比合約還要來得莊嚴與神聖。當

雙方要共同簽署一份紙本合約時，這個合約將會是一式兩份，好讓彼此都能記住自己所同意的內容。因此摩西最後總算結束了與造物主在山頂上的會面，帶著一式兩份的盟約文件回來——一份是要給以色列百姓，另一份則是要給神，只不過這裡用的是石頭做成的石板，正反兩面上都有刻字，所刻的內容是十條規定，或稱為「誡命」。

請記住神設立這個盟約的目的，是要使一群百姓在接下來的幾千年裡，即便身處在一個墮落、扭曲且衰殘的世界，卻仍是能夠被分別為聖、完整，且持續健康和昌盛下去，神精心設計了那些誡命就是要幫助他們能夠做到這點。它們是一個系統的核心——包含摩西在利未記和申命記所寫下的那些規條——為的就是要營造出一個獨特的文化與社會，好叫他們可以抵擋得了偶像崇拜所帶來的毀滅性影響，並使家庭完整、身心靈健全、土地有豐饒出產、社會結構穩固。

> 要使一群百姓在接下來的幾千年裡，仍是能夠被分別為聖、完整，且持續健康和昌盛下去。

神親自用手指在石板上刻下的那十條規定，實在是一套非常了不起的生活守則，只要照做就會有智慧知道該如何過好生活，社會也必然會是穩固的。當然就以色列百姓整體來說，並非每一個人都有確實或是完全地守住這些誡命，但還好有夠多的人夠看重也夠常在守這些誡命，因

此這幾千年下來即便在遭逢入侵、威脅、危機、被驅逐和回歸的情況下，猶太人仍是得以保全性命和他們的獨特性，直等到這位應許之子誕生在他們中間。只要百姓認真謹照這些原則過生活，他們就會在一個比較好的景況裡。

誡命的前三條主要是個人怎麼與神相處（不可有別的神、不可為自己雕刻偶像、不可妄稱你神的名），最後面的六條則是講到一個人該怎麼與他人互動（當孝敬父母、不可偷竊、不可殺人、不可作假見證……等等）。

既然有前三條和最後的六條，這樣加起來只有九條誡命，那沒有講到的第四條誡命是什麼呢？這一條誡命挺獨特的，就某程度而言，區區這十個字就把一個人該怎麼與神、與自己和所有受造物相處給一次交代完畢：「當記念安息日，守為聖日。」[3]不過神也沒有留下任何模糊空間，避免百姓們誤會什麼叫做當記念和該怎麼守安息日，因此這條誡命一講完馬上就做了非常詳盡的解釋。事實上摩西在這條誡命後所做的註解，長度可是完全超過另外九條呢！

> 「六日要勞碌做你一切的工，但第七日是向耶和華——你神當守的安息日。這一日你和你的兒女、僕婢、牲畜，並你城裡寄居的客旅，無論何工都不可做；因為六日之內，耶和華造天、地、海，和其中的萬物，第七日便安息，所以耶和華賜福與安息日，定為聖日。」[4]

沒錯，這一條誡命即便在當時（或直到如今）都非常特別，神不僅在十誡裡包含這條誡命，而且還特別強調它，因為它包含了全以色列百姓這個民族能夠存活下來的重要祕訣。也正因為這點對於以色列的福祉和存亡實在是太重要了，到一個地步是一旦違背了就會遭到嚴重懲罰。根據摩西的律法，只要沒有守安息日，是會直接被處死。出埃及記再往後翻十一章，會讀到神這麼對摩西說：

> 「所以你們要守安息日，以為聖日。凡干犯這日的，必要把他治死；凡在這日做工的，必從民中剪除。六日要做工，但第七日是安息聖日，是向耶和華守為聖的。凡在安息日做工的，必要把他治死。」[5]

　　不過神真的打算這麼做嗎？祂豈是認真地把在安息日做工視為是個死罪？這點我們可以從民數記裡的某個事件來略知一二：

> 以色列人在曠野的時候，有一個人在安息日撿柴。遇見他撿柴的人，就把他帶到摩西、亞倫和全體會眾那裡。他們把他收在監裡，因為要怎樣辦他，還未明朗。耶和華對摩西說：「那人必須處死，全體會眾要在營外用石頭把他打死。」於是全體會眾把他拉出營外，用石頭把他打死，正如耶和華吩咐摩西的。[6]

　　沒錯，他們按著神的指示，把一個在安息日裡撿柴的人給處死了。

可見神對於安息日不該工作的這件事情是真的挺嚴肅的。違背安息日的確是摩西律法中少數會被處以死刑的規條之一——此外還有殺人、姦淫和獸交。可見，神非常地看重安息日。

我明白這點對於現代人來說恐怕是有點過度嚴厲了，這個人不過就是撿個柴嘛，有必要這麼大驚小怪嗎？

不過我們必須謹記在心的是，摩西告知以色列人要守這些律法，用意都是為了他們好以及要確保神的偉大救贖計畫能夠成功執行。那些律法蘊含了能使個人、家庭和社會健康、穩固的原則，有些你和我怎麼都看不透的事，神卻了然於心。這麼說吧，如果在某個社會裡所有人都是一週工作七天，那麼這個社會不堪一擊的程度，大概與那種就算是犯了性侵和殺人都不用負任何刑責的社會一樣，隨時可能崩壞。神在精心打造一個文化和一群百姓，不僅能夠存活下來，更是要發旺，好叫等到日子滿足的時候，祂的獨生愛子可以透過他們來到這世上。

這點實在非常重要，所以我要再說一次。神對全地的救贖計畫是要能夠形塑出一群獨特、能夠迅速回應、健康且分別為聖的百姓，才進行得下去。而每週要有一天安息日很明顯地是成為這樣的百姓所不可或缺的關鍵，所以神才會在與以色列立約時，把它列為祂最看重的十誡其中一條。

接下來我想問各位一個問題：如果神如此看重安息日，現今的我們又該多麼認真地看待呢？讓我們一起更深入地來看神的話語到底是怎麼說的。

應當持守安息

對我來說，我是一直等到自己已經瀕臨累垮的邊緣，才開始正視第四條誡命裡所蘊藏的這項重要智慧原則。我在講的就是安息的原則，其實這個原則在聖經中隨處可見。

只要你用心去看，你就會發現它其實在經文裡不斷出現，就連在新約裡也不例外！嘗試在聖經中去發現這項真理，對我來說，實在是大開眼界，現在讓我們一起從希伯來書這部新約書卷開始看起吧，這卷書幾乎有點像是在說明新約與舊約之間的關聯。在第四章裡有一整段都在講安息的這項原則：

> 然而我們信了的人，就可以進入那安息。正如神所說：「我在烈怒中起誓說，他們絕不可進入我的安息！」其實神的工作，從創立世界以來已經完成了。因為論到第七日，祂在聖經某一處說：「在第七日神歇了祂的一切工作。」但在這裡又說：「他們絕不可進入我的安息。」[7]

在這段經文中，新約的書卷引用了兩段舊約講到安息的重要經文。首先，先讓我們看到詩篇九十五篇 11 節（「他們斷不可進入我的安息」），藉著又指引我們回到聖經的最一開頭，也就是創世記第二章記錄神創造天地的那裡（「在第七日神歇了祂的一切工作。」）。值得注意的是，是神親自設立了安息的原則，並且從祂創造天地的最一開始就示範給我們看到底應該如何安息，等下我們會更進一步地探討這項真理。

接下來，請看這位受聖靈感動的作者，怎麼巧妙地把這兩段舊約經文做了一個連結：

> 既然這安息還留著要讓一些人進去，但那些以前聽過福音的人，因為不順從不得進去；所以神就再定一個日子，就是過了很久以後，藉著大衛所說的「今天」，就像前面引用過的：「如果你們今天聽從祂的聲音，就不要硬著心。」如果約書亞已經使他們享受了安息，神後來就不會再提到別的日子了。這樣看來，為了神的子民，必定另外有一個「安息日」的安息保留下來。[8]

我覺得這實在太棒了。希伯來書的作者是在新約書卷裡說：安息日是「為了神的子民保留下來。」和合本的版本則譯為：「有一安息日的安息為神的子民存留。」順帶一提，這裡指的就是你和我，也表示你和我不光是可以，也應該要在此刻就進入到這樣的安息裡。神公開地邀請我們，而且這個邀約並沒有失效。不過按照這段經文來看，我們需要透過順服，才能夠進入到這樣的安息。換句話說，我們也可以選擇「不要」進入。那必須要採取什麼樣的順服行動呢？希伯來書的作者在前一章裡回答了這個問題，他指出神呼召以色列百姓必須要「相信耶和華」，並且憑著信進入他們能夠真正成為一個國家並共同進入安息的應許之地。作者指出出埃及、得著自由的第一代以色列百姓不願意這麼做，結果就只能死在曠野裡；因著不信的緣故，他們拒絕進入神為他們所預備的安息裡。[9]

事實上，安息的原則是打從創世開始就樹立起來的一套模式，直到如今也仍適用。也如同我們所看見的，神還親自把它列為十誡的其中一條，此外在新約中也再次確立它的正當性。雖然這項原則對於身為牧師的我來說再熟悉不過，但我卻是一直到自己真的累到身心俱疲了，才體會到它的重要性和其影響之鉅。如同我在本書一開始所形容的，說穿了我就是想把事情做好，於是容許讓愛人的心和牧會所遇到的需要一步步地佔滿了我所有的時間，導致我完全無法好好地安息。也因為我長期以來一直忽略這個守安息日的原則，這使得我在上帝設計的神聖恢復計畫中無分。

　　實在有太多基督徒都同樣犯了這個糟糕錯誤，很多人因為被教導舊約的東西如今都已不適用在他們身上，因此就不把守安息日當一回事。但是讓我們來好好地檢視一下這個論述。

律法、恩典與原則

　　新約時代的基督徒究竟應該如何看待舊約律法呢？這可是神學家、牧師和信徒們自從教會存在以來就一直爭論不休的一個問題，在使徒行傳前幾章的經文裡，我們可以看到當年的使徒努力地想要解決這個問題，保羅在他不少的書信裡也花了很大的篇幅在談論這個議題。就在我寫下這些字的同時，福音派的教會裡仍是非常熱烈地在探討此議題。

　　好消息是我們前面才提到要理解神到底「為什麼」要頒布舊約律法——也就是要在這個墮落的世界裡打造出一群百姓，藉此讓他們一直

會是分別為聖、健康、興盛，直到日子滿足那位救主誕生在他們中間——這是新約時代的我們可以了解應該如何看待那些律法的關鍵。

很明顯地，我們因著新約得著永恆的救贖與饒恕，並且因著耶穌在十架上所成就的大功，我們能夠毫無瑕疵地站立在神面前。因著他的公義我得以稱義，[10] 這是好事，因為若想要靠自己稱義，恐怕不僅不夠格，還只會顯得可悲。

如果說在新約的時代，我們無須靠守舊約律法來得著救恩或是站立在神面前（確實如此），但是這卻不代表可以宣稱，律法中教導我們該怎麼好好過生活或是該如何使自己生命討神喜悅的原則如今已不適用（大錯特錯！）。

換個說法，舊約律法仍然能夠反映出神的價值觀和屬性，以及祂對於生活的智慧。十誡更是如此，它們不再是當守的「律法」，卻仍是我們應當留心的智慧原則。例如第六條誡命說：「不可殺人。」請問：難道神有因為我們現在已經在新約時代就改變祂對殺人的態度嗎？當然沒有。因此要是有人罔顧這條誡命，就不可能過得順遂、愉快，此人的生命也絕對不可能討神喜悅或是使祂得榮耀；其他九條誡命也是如此。神在舊約制定了這些律法，就是因為祂曉得這些方法有助於保全以色列。那些誡命所蘊藏的智慧不會到了新約時代就不復存在，智慧不會隨著時間而逝——即便我們不再需要透過持守律法來與神建立關係。

舉例來說，神在創造世界時，摩西律法都還沒有出現，可是從創世記講到神怎麼創造天地，就可以明顯地看出安息日的原則。事實上，摩西自己也是回頭看神如何在第七天安息，藉此說明第四條誡命：

「但第七日是向耶和華——你神當守的安息日。這一日你和你的兒女、僕婢、牲畜,並你城裡寄居的客旅,無論何工都不可做;因為六日之內,耶和華造天、地、海,和其中的萬物,第七日便安息,所以耶和華賜福與安息日,定為聖日。」[11]

　　神在第七天的時候安息,換言之,打從一開始,祂就在示範給我們看這個原則該怎麼做,可見這件事就是這麼重要。不過即便如此,還是有許多(或可能是大部分)基督徒認為,既然這是十誡裡的第四條誡命,也是舊約摩西律法中的一部分,我們自然可以理所當然地不當一回事。難道真是如此嗎?

　　我自己是經由慘痛的教訓才曉得,原來照著十誡所蘊藏的那些原則去行會帶來哪些好處,不做又會帶來哪些後果。接下來讓我們用一個小練習來釐清一下到底為什麼會這樣:我會列出其他幾條神透過摩西給以色列百姓的誡命,請細讀每一條並且問自己這兩個問題:「在生活中遵守這條誡命是否對我有益?」以及「如果我不照做,是否得要承擔負面的後果?」

　　第一條誡命:「除了我以外,你不可有別神。」

　　身為一名在基督耶穌裡的新約時代基督徒,不敬拜假神是否於我有益?或是如果拜偶像,會帶來哪些負面後果呢?確實基督徒有可能會把財富、成就、地位或是其他東西變成了偶像,要是有人把某個人或某樣東西變成了自己的偶像,那他們的生活通常過得如何呢?根據我個人經驗來看,一般都過得不是太好。

或者第六條誡命「不可殺人」呢？同樣請問問自己，遵守這條誡命是否會有好處？我猜我應該可以幫你回答。這題答案絕對是肯定的。如果把這條誡命當成耳邊風，會有什麼負面後果嗎？我也很有把握，你一定會同意是有負面後果要去承擔的。

　　我們可以繼續用這個練習去看其他講到不可姦淫、偷竊、說謊、貪戀的誡命，相信只要是有理智的基督徒應該都會同意，不管是哪一條誡命，只要有把這些從神而來的誡命當成是有智慧的原則——哪怕它們是出自於舊約，但只要有照做就一定是對自己有益的。我們相信，就好像使徒保羅在加拉太書裡講得很清楚，當他講到來到神面前，即便現在的我們都已經是在恩典之下，而不在律法之下，但這些誡命即便在現今社會也仍是適用。

　　我們可以說是毫不猶豫地會認同其他的誡命，因為我們清楚了解不遵守的話，是會傷害到自己、他人或是整個群體，也有可能一次三方都受害。仔細想想，這不就是神定為是「罪」所具有的特色嗎？你想想看，所有被神話語稱為是罪的東西，犯罪的人最終都是會傷害到自己、他人或是整個社會。換句話說，我們充滿智慧與慈愛的神之所以會特別把某些東西給圍起來，或是在旁邊放上「禁止」標誌，用意就是要保護好我們和我們身邊的人。

　　既然都有這層認知了，那又為什麼還會把第四條誡命給排除在外呢？「既然我們這些新約時代的基督徒都發自內心地認同不可殺人、不可姦淫、當孝敬父母的這幾條誡命了，那又為什麼認為自己可以不用理會同樣也很有智慧的這條「第七天當守安息日」的誡命呢？」

感覺上大家很常看起來像是，我們相信自己應該要遵守十誡裡的那九條誡命，至於第四條，不知道為什麼我們總是認為自己可以無須理會，也不會對自己或他人造成任何負面的後果。我們會說：「那是律法主義！如今已經不適用了。」

不過我發現神蘊藏在第四條誡命裡的智慧，其實正是現今所需要的。而這也正是希伯來書作者嘗試要讓我們明白的重點，即便他是生在十架大工已完成的新約時代，他寫道：「你們今日若聽祂的話，就不可硬著心。」[12]

> 神蘊藏在第四條誡命裡的智慧，其實正
> 是現今所需要的。

我必須明白看重安息日與不可殺人都是十誡裡的其中一條，因此不論是用理智去想或是從聖經的角度來看，都沒有理由只看重其中一條，卻對另外一條完全置之不理。

各位請務必要明白，我個人也非常地推崇恩典，我尤其喜愛新約啟示神如何透過差派祂的獨生愛子來向我們彰顯出恩典。耶穌做成了我們靠自己永遠無法辦到的事，祂代替我們完成了律法所要求的一切。祂完全活出公義，並代替我們死在十架上，只要願意接受祂所賜的永恆生命，就都能夠領受「祂的」公義。正如保羅所寫的：

神使那無罪（無罪：原文是不知罪）的，替我們成為罪，好叫我們在祂裡面成為神的義。[13]

　　理解這件事情實在是太重要了！我們能夠站立在神面前，是完全和單單立基於此項真理：身為重生基督徒的我們是因著耶穌的公義，而非靠著自己的義站立在神面前。以賽亞提醒我們，不管我們再怎麼努力嘗試活出公義，若是與能夠站立在這位全然聖潔神面前的公義相比，都不過是像污穢的衣服。[14] 我們能夠擁有永恆的生命、被接納和與神連結，都是因為耶穌將祂自己全然的公義分賜給我們。[15]

　　雖然持守律法並不會也無法拯救我們的這點是千真萬確的真理，但這不代表十誡或是舊約系統裡其他一些像是「初熟果子」的原則所蘊藏的智慧，會因此而不具意義。（關於「初熟果子」的這項大能原則，我在我個人的另外兩本著作《蒙福人生》〔The Blessed Life〕和《超越蒙福》〔Beyond Blessed〕中有更為詳細的說明。）

　　舊約律法中所蘊含的智慧並不會在耶穌死在十架上和復活之後就突然失去其價值，事實上先知耶利米早已先知性地看見新約中耶穌會如何使之確立，因此他寫下：

　　「耶和華說：日子將到，我要與以色列家和猶大家另立新約，不像我拉著他們祖宗的手，領他們出埃及地的時候，與他們所立的約。我雖作他們的丈夫，他們卻背了我的約。這是耶和華說的。耶和華說：那些日子以後，我與以色列家所立的約乃是這樣：我要將我的律法放在他們裡面，寫

在他們心上。我要作他們的神，他們要作我的子民。」[16]

新約的希伯來書十章 16 節則引用了這段預言，並且肯定基督徒的信仰確實就是耶利米所預先看見的新約。每一個願意回應神透過祂獨生愛子施恩拯救的人，都經歷到了重生的神蹟所帶來的奇妙之事，包含因著神的生命而經歷到靈裡的死而復活、良心得潔淨，並領受作兒子的心，開始認出神是自己慈愛的天父。不過還有另外一件挺重要的事，重生會將神的律法**寫在我們的心上**。

作為一名基督徒，你將不再需要一直看石版上寫著什麼，因為如何討神喜悅的事已經都寫在你的靈魂最深處。那些律法不是要用來嘗試討神的喜悅或蒙祂的恩寵，神的靈把那些律法寫在你的心上，不是為了要讓你努力變得夠「好」，好叫你能夠贏得神的祝福。並非如此，那些律法是要讓我們能夠為神的國活出最大的影響力，活得好、活得健康，在這個黑暗和絕望的世界裡，要活出光彩耀眼的生命，好叫他人可以被你的光所吸引。

安息是憑著信心跨出去

正如希伯來書作者所提醒的，按照原則持守安息日需要信心。的確，當我與基督徒談到每個禮拜應該要有一整天的休息時間時，他們臉上的表情若不是表現出驚恐，就是一副不可置信的樣子。我幾乎可以讀到他們腦中閃過的種種念頭：「你在開什麼玩笑？怎麼可能要我一個禮拜有一天什麼事都不做，我得做的事情可多了。有一大堆的人都要靠我吃飯，

肯定會天下大亂的！」我很懂他們的這些想法，因為我以前也是這麼想的。

每當我與基督徒講到聖經裡面的十一原則時，他們臉上惶恐的表情其實與講到安息日的反應還滿類似的。許多人在讀神話語時都有讀到，卻也往往都會被這樣的想法給震懾住：「我沒有足夠的錢可以十一奉獻，我根本連生活都快過不下去了！」如果你有讀過我前一本書《超越蒙福》或是它的前身《蒙福人生》，那你大概就會知道我都怎麼回應那些不願意這麼做的理由。我和其他好幾千萬的人都學到的是，光靠九成蒙神祝福的收入，可以過得比擁有百分之百、卻沒有神的祝福還要更好。十一奉獻需要憑信心倚靠神的大能大力，相信只要我願意讓神在財務上居首位，祂必會出於信實超自然地祝福我。同樣地，守安息日也必須要有信心，相信祂會因為我願意在時間上遵照祂的原則去行而為我成就同樣的事。

雖然應許之地是神承諾要賜給以色列百姓的一個實際領土，不過我們可安歇之地可是包含但不限於實際的自然界而已。沒錯，我們蒙召要讓身體休息，但是神也呼召我們要在靈命、情緒和精神上可以好好休息。遵守安息日的原則表示我們是更深地信靠神——相信因著我們願意順服在一週內有一天安息，因此祂會賦予我們能力在剩餘的六天內完成祂呼召我們要做的事。

假設你一想到要休一天假，反倒會變得更有壓力和擔心，那麼你就完全搞錯安息的原則了。守安息日並不是一條你非遵守不可的律法，而是指要全然信靠神，相信祂是我們的供應者，相信安息可以是一種「生

活模式」！不帶一絲絲的緊張、焦慮、恐懼，也沒有趕來趕去的行程。不光是有一天的休息時間，而是每天、每週、一整年都一直帶著平靜安穩的安息心態！

希伯來書的作者似乎也同意，要做到這點並不容易。首先他先指出安息是憑信心跨出順服的那一步，接著他說我們必須要很刻意地進入安息。他在希伯來書四章 11 節這麼寫道：

> **安息是憑信心跨出順服的那一步。**

所以，我們務必竭力進入那安息，免得有人學那不信從的樣子跌倒了。

英文擴大版聖經對於這段訓詞的涵義解釋得非常好：

所以，我們得要大發熱心並且盡力、勤奮地努力進入〔屬神的〕安息〔好叫我們能夠真知道和親身經歷〕。以免有人〔像那些在曠野裡面跌倒的人一樣〕，因為出於同樣的不信或是不順服而跌倒或滅亡了。[17]

既然進入真正的安息對於神來說如此重要，那又為什麼還需要竭力呢？因為覬覦你靈魂的仇敵，以及這個墮落的自然界裡的一切種種，都在嘗試要讓你無法進入那安息。就算你一開始成功了，他們也會盡可能

地讓你無法持守在那份安息裡。自從有了那次瀕臨崩潰的經驗後，我就搞清楚了這到底是怎麼一回事。因為在我累垮了之後，接下來有好幾年的時間裡，我幾乎無法完成神渴望要透過我去做成的任何一件事。

神曉得如果以色列人沒有遵行守安息日的原則，那他們就無法在祂的救贖大工裡扮演好祂所賦予他們的重要角色。同樣祂也知道，要是你和我忽略了這項原則，恐怕就無法完成自己在這個世代裡所被賦予的職責。

當違背了神對於安息的原則時，我們整體其實一直不斷地在付上極高的代價。不光個人身心受到虧損，也有害於我們的婚姻、家庭和事業，最慘的是我們還在向這個失喪和死氣沉沉的世界做最差的見證（我會在第 8 章更多地來探討這點）。

我過去也有好幾年的時間不理解在主裡進入很深的安息，或是順服祂的智慧到底有多重要，不過那並不是因為主沒有嘗試要讓我明白，我印象很深刻，好久以前曾經有過一次經驗，當時我都還沒有建立 Gateway 教會，而是在另外一間教會擔任傳道同工。

有天我打電話約某位牧師朋友一起吃午餐，當我們倆把行事曆拿出來看的時候，我就說：「你下禮拜四那天有什麼行程嗎？」

他：「那天沒事。」

我：「太棒了！」我回覆。「那我們下禮拜四一起吃午餐吧。」

他：「不行，不好意思，我禮拜四沒辦法。」

我（有點困惑）：「喔，所以你是說你禮拜四那天有事囉？」

他：「沒有，我那天完全沒有排任何行程。」

我（有點火光）：「好喔，那就一起吃午飯吧。」

他：「羅伯特，你沒有聽懂。我看著我的行程表，禮拜四一整天我都排了『沒事』。我是很慎重且刻意排了下禮拜四要什麼事都不做，所以我那天就是打算什麼事都不要做。」

後來我們總算找到了一天兩個人都有空的時間碰面，他也才有機會在吃午餐的時候說明這到底是怎麼一回事。他說：「羅伯特，你曉得我一年前差點要沒命了。當我躺在醫院裡的時候，我有很多時間與神對話。我記得我對祂說：『主啊，我是祢的僕人，我也很努力地要服事祢，我盡自己最大的努力去做祢呼召我要做的事。我不懂自己怎麼會病得這麼嚴重！』後來主很溫柔但堅定地回答我：『孩子，你一直都沒有照著我的原則做，你從來沒有好好守安息日，就是一直不斷地到處跑、到處忙。基本上你一整個禮拜沒有一天在休息，這就是為什麼你的健康會出問題。不是我讓你生病，而是你把自己搞成這樣。』因此打從那天起，我就每個禮拜一定會休息一天。」

當然，我的那位牧師朋友後來完全康復，身體也越來越健壯。吃午餐的時候他說：「所以我現在會很刻意地每週給自己排一天無事日，因為我發現如果我沒有這樣安排，時間就還是會被排滿。」

主那天其實就是想要透過我的朋友來幫助我，只是當時的我沒有意識到這點。其實早在好多年前，祂就已經讓我有機會看到，要是我一直都沒有照著我那位朋友說的原則去做，自己將會落入什麼下場。那就好像是祂充滿關愛地在說：「我對你的生命有著很重要的計畫在等著你去執行，羅伯特。那是現在的你怎麼想都想像不到的，但如果你沒有學會

先尊榮這項原則，等到你再也撐不住的那天，恐怕沒得選也只能乖乖停下來休息了。沒有人可以壞了我所訂的原則，不照做就只會把自己的身體給搞壞。」

沒錯，我前面已經把這個故事的結果都先告訴你們了。我當時完全把那個警告當作耳邊風，最後才過沒幾年，我自己就整個人累垮了。如同我前面所說，要活出安息的生活模式，其實是個信心之舉。但是在我領受到那個啟示並且實際憑著信心跨出去之後，我才真正開始認真地正視這個安息的原則。可能神確實花了好一段時間，才讓我理解到這件事，不過一旦我明白了，就緊緊抓住且絕不輕易放手。

> 活出安息的生活模式，其實是個信心之舉。

安息：晚起步也比從來都不做好

身為一間成長極為迅速的教會創辦人，我知道若是要好好地在生活中活出這第四條誡命的智慧，我勢必得在自己的工作上做出大幅度的調整。不過我們教會一直以來都是禮拜六和禮拜天各有好幾堂聚會，週末大都是我一週下來最忙碌，也是身心靈最為疲憊的時候。至於週間也是一刻不得閒，很常會被排滿會議、外出服事、早餐會議、午餐會議，還要預備講章。

對以色列的十二支派來說，禮拜六是他們唯一能夠休息一天的選

項。神很明確地吩咐每週的第七天就是必須分別出來為安息日，因為祂自己在創造天地時，也是在六天之後就歇了一切的工。現今有些基督教的宗派會聲稱，只有休禮拜六那天，對神而言才算有守安息日。比方說安息日會（Seventh-day Adventist）就很堅持這點，畢竟他們都直接稱自己為安息日會了！我必須說，我也曾遇過很多安息日會的人，他們人都很好沒錯，不過我認為這個觀點有可能會把這件事情變成律法主義了。

請各位要記住，新約時代的我們沒有要照字面上的意思持守律法，因為恐怕也根本辦不到。[18] 我們一邊因著耶穌在十架上為我們成就的工作，而能夠稱義並且持續站立在神的面前，同時也還是要尊榮神在十誡裡頭所蘊藏的永恆性原則。法利賽人非常嚴厲地批評耶穌居然在安息日行醫治，他們不明白律法的「精神」，所以才會對於律法的「字句」一直小鼻子小眼睛的。

守安息日的原則是指在一週七天當中要分別出一天來，好好地讓自己可以休息和親近神。在新約時代裡，就無須執著於這一天到底是不是禮拜六。這對禮拜六得要講道的傳道人或是禮拜六必須上班的人來說，應該是個好消息吧。只要有休，休哪一天都好。

我的牧師朋友早在好幾十年前就比我先發現到這個使我們不光是賴以苟活，而是能夠真正興旺的重要關鍵。那項原則就是一週七天裡，必須要把一天分別出來，好好地守為聖日，至於是一個禮拜裡的哪一天，倒不是那麼重要。不過當我開始擁抱這項原則並實際執行的時候，我很快就發現，似乎全世界的人都在想著要怎麼讓我無法繼續這麼做下去，

我也意識到在守安息日的時候，我很常必須很堅持立場，有時候甚至還會到了不近人情的地步，才能夠拒絕掉一些邀約以確保不會被打擾。其實大部分提出這些邀約的人，都是好人也完全都是出於好意。

我學會很清楚地告訴教會裡的同工、朋友或是其他一些合作的夥伴。一開始我會稱這個我計畫好什麼事都不做的這一天為「休假日」，但我後來發現這個說法無法表達出這個日子對於我個人或是對我所服事的神來說，到底是多麼重要與神聖。不時還是會有人邀請我禮拜一要去做些什麼，我就會回覆對方：「不好意思，禮拜一是我的休假日，所以我無法參與。」聽到我這麼說的人可能就會覺得我聽起來既自私又懶惰，後來我總算學會這麼回應：「不好意思，禮拜一是我的安息日，是主定為聖日的一天，而我也答應了神要在生活中去尊榮這項原則。是否還有其他的日子可以約呢？」

很快地，我身邊的人都明白這是我很堅持的一件事，大家就沒有那麼常在那天約我了。那些真正愛我的人更是最能夠理解這點，因為自從我尊榮守安息日的原則後，我的生命究竟結出了哪些果子，他們都看在眼底，包含看見我更健康、更開心、更敏銳、更火熱，所有人也都比較喜歡這個更健康、更開心、更敏銳也更火熱的羅伯特。現在要是我沒有堅持尊榮並守安息日的話，他們大概還會反過來問我怎麼不這麼做吧！

不管怎麼說，我偶爾還是需要堅持，並且在這個過程中不時地去教育一下。我記得有次有位同工——他其實也在教會夠久，應該要知道的——他來找我說：「牧師，我知道禮拜一是你的休假日，不過要是你能夠出席（某某活動）的話一定很棒，那真的很值得一去！」

為了讓他明白我想要表達的重點，我故意假裝自己好像被他這番話給惹毛了，就說：「你難道是想告訴我只要理由夠好，就可以犯姦淫嗎？或是只要夠值得，就可以偷東西或撒謊嗎？我會這麼問是因為你剛剛就是要我違背十誡裡的其中一條，難道只要看起來沒問題，就可以不遵守誡命裡的任何一條嗎？」講完後我微笑了一下，化解了當下的緊張氣氛，也讓這名同工曉得，我並不是認真地在發脾氣。不過他確實就懂了──我把「休息日」看為很嚴肅、重要且神聖的一件事。希望在各位讀者闔上這本書之前，你也同樣會如此嚴肅地來看待這件事。

神很看重你有沒有好好地休息，自從我演完那齣內褲與襪子沒了的崩潰戲碼後，我們教會從上到下也都非常認真地看待這檔子事。我們所做的第一個改變就是為所有傳道同工設立一個休假條款（第六章會更多地講到休假）。此外教會的長老們也很堅持必須立刻從我先開始休起。他們看得出來我真的已經筋疲力竭到整個人疲憊不堪了，於是堅持要我去放個假，可以好好休息、恢復和充電。

> **神很看重你有沒有好好地休息。**

確實，自從教會開辦以來，我有超過五年的時間一直都是全力衝刺。因此教會的長老們是採不記名的方式投票，決定讓我休六個禮拜的有薪假。這表示我有整整六個禮拜的時間都不能出現在教會！那對我來說簡直就像永恆一樣久。沒錯，我真的在各方面都累到一個極致了，差點連

我自己的名字都快記不起來。不過我原本以為去玩六個禮拜來讓自己充電未免太多，殊不知原來我錯了。

就在六個禮拜的假快要放完的時候，我發現自己不由得開始悲從中來，我那段時間除了和黛比相處、讀書、散步和親近神之外，其他事我什麼都沒做，但我仍感到自己像被榨乾了一樣，那個當下我完全感受不到原以為應該要有的恢復或是更新的感覺。我曉得那是個警訊，因此我又請了自己還沒休完的假，加上原本的安息假就等於休滿了八個禮拜。我真的也不曉得自己還能做什麼，我已經很努力地在休息、放鬆，還去做了我覺得有趣或能夠讓我振作起來的事。我已經盡自己一切所能地在休息了，卻覺得好像越休越疲憊。

接著，在我延長兩週假期裡的某個早上，那天我醒來的時候覺得好像一切都不再一樣。我是在讀一本書的時候才突然意識到，那一瞬間我感覺到有股放鬆的感覺從頭到腳地席捲我整個人。「我回神了！」我心想，並且又驚又喜地大叫：「嘿！我可以打起精神了！」我覺得自己好像回到五年前才剛開始創立這間教會一樣。

過去五年來，我真的是一直不顧一切地全力衝刺，偶爾才讓自己放幾天假，但恐怕都不算有好好休息到。在這之前我從來沒有當過主任牧師，一想到這間教會的快速成長更是令我不知所措。我不曉得該怎麼把工作做好，也不知道該怎麼安排自己的行程。而且最重要的是，我不知道原來要尊榮和把守安息日的原則視為當務之急。事實上，等到第五年的時候，我已經完全沒有「任何」時間休假，我那一整年完全沒有休過一次假。

在那個當下，我發現自己好像突然回神了，我聽見主在我心裡用很熟悉的聲音輕聲問我：「你一共放了幾天的假並好好地休息呢？」我數了一下發現原來自己剛好休到了第五十三天。接著我聽見主說：「你就是少休了五十二天，那剛好是一整年的安息日。」

我記得自己反問祂說：「喔，祢是說我欠祢五十二天嗎？」

「不，」祂回答我：「我沒有說你是欠我，你其實是欠你自己五十二天的假。羅伯特，守安息日不是為了我，而是為了你好。」在那個瞬間，我就知道再也不能奪走自己休安息日的機會了。

就在我償還完過去一整年所沒有休到的安息日後，我感受到了超自然的更新與恢復。

▌我感受到了超自然的更新與恢復。

真的有可能這樣嗎？一個人真的會因為長久下來沒有守安息日而受到虧損嗎？或是一整個國家都被捲進去？在歷代志下還真的可以找到非常驚人的答案：

> 迦勒底人焚燒神的殿，拆毀耶路撒冷的城牆，用火燒了城裡的宮殿，毀壞了城裡寶貴的器皿。凡脫離刀劍的，迦勒底王都擄到巴比倫去，作他和他子孫的僕婢，直到波斯國興起來。
> 　這就應驗耶和華藉耶利米口所說的話：地享受安息；因為地土荒涼便守安息，直滿了七十年。[19]

我們已經曉得神吩咐以色列人每七天要休息一天，不過你是否知道，神同樣也吩咐他們讓土地每七年要休息一年呢？祂真的有這麼吩咐！應許之地裡的農地每七年就應該要休耕一年——連地也要守安息年。在西奈山上耶和華是這麼吩咐摩西的：

> 「你曉諭以色列人說：你們到了我所賜你們那地的時候，地就要向耶和華守安息。六年要耕種田地，也要修理葡萄園，收藏地的出產。第七年，地要守聖安息，就是向耶和華守的安息，不可耕種田地，也不可修理葡萄園。遺落自長的莊稼不可收割；沒有修理的葡萄樹也不可摘取葡萄。這年，地要守聖安息。」[20]

就好像耶和華指示以色列人許多其他該做的事一樣，這是個非常有智慧和精明的做法。農耕研究人員也證實了，如果農夫每隔幾年就休耕一年的話，其實可以提高作物的產量。土壤的養分是會被消耗殆盡的，但只要土地休耕就可以恢復。現今的農夫則是採用不同作物輪耕或是大量施肥，以期達到同樣的效果，不過這相對來說是比較不健康或是不天然的方式。

然而，就如我們剛在歷代志下讀到的，以色列這個國家並沒有照著這個吩咐做。他們不信靠神會在安息年裡供應，經文提到以色列的百姓就這樣世世代代一直不守安息年，長達四百九十年之久。你沒看錯，就是四百九十年！表示那塊土地累積了七十年該休耕但都沒有休到的安息年。

最後猶大國被巴比倫人入侵，百姓也被擄至巴比倫，當全國上下的百姓都流亡在外時，以色列的土地就進入休耕，年復一年地荒廢在那裡無人耕種。各位，想猜猜看以色列百姓一共被擄了幾年嗎？沒錯，正如歷代志下的作者在上面那段文字中指出的，他們流亡在外的時間不多不少地剛好是七十年。歷代志下三十六章 21 節更是直接把這兩件事情兜在一起，並宣告說：「**地享受安息；因為地土荒涼便守安息，直滿了七十年。**」出來混的，終究得要還的；是一直等到安息年的債都還完了，猶大國的百姓才有機會回歸。

　　以色列人大概認為神不是認真地命令他們要讓地每七年休息一年，畢竟他們沒照做的時候好像也沒有怎麼樣，就這樣數十年下來、甚至幾百年下來都是如此。同樣的，我也以為自己可以不用管神說每七天要休息一天的誡命，我想說反正也不是一天沒休就立刻喪命。不過就如同各位已經知道的，我還以為可以蒙混過關，殊不知最後都是得償還的，最後只好把我欠了五十二天沒有守的安息日一次償還完畢。

　　請注意這裡神說：「地**享受**安息。」如果神連地有沒有安息都會關心了，想必祂更關切你有沒有好好享受你的安息吧？你是否也欠了自己幾天的休假呢？我們良善、慈愛和憐憫的父神要你和我守安息日，其實是為了我們好，祂想要我們可以「享受」守安息日。休息是神對你美好心意中的一部分，這可是這位設計大師在創造你時的精心設計。

　　▌神說：「地享受安息。」

這本書一開頭所描述的不留白生活模式聽起來很熟悉嗎？耶穌直到如今仍在向我們提出這個邀約：

> 「凡勞苦擔重擔的人可以到我這裡來，我就使你們得安息。
> 我心裡柔和謙卑，你們當負我的軛，學我的樣式；這樣，
> 你們心裡就必得享安息。因為我的軛是容易的，我的擔子
> 是輕省的。」[21]

在這趟旅程繼續更進一步之前，讓我們先來檢視這一路上會遇到的最大阻礙之一：出於你自己的好意。

注 釋

1. 見創世記三章 15 節

2. 創世記二十二章 18 節

3. 出埃及記二十章 8 節

4. 出埃及記二十章 9 ～ 11 節

5. 出埃及記三十一章 14 ～ 15 節

6. 民數記十五章 32 ～ 36 節（新譯本）

7. 希伯來書四章 3 ～ 5 節（新譯本）

8. 希伯來書四章 6 ～ 9 節（新譯本）

9. 見希伯來書三章 19 節

10. 見哥林多後書五章 21 節

11. 出埃及記二十章 10 ～ 11 節

12. 希伯來書四章 7 節

13. 哥林多後書五章 21 節

14. 見以賽亞書六十四章 6 節

15. 見腓立比書三章 9 節

16. 耶利米書三十一章 33 ～ 34 節

17. 希伯來書四章 11 節（直譯自英文擴大版聖經）

18. 見羅馬書第七章，保羅解釋律法的用意是為了讓人類知道自己有罪，並且曉得自己需要一位救主。

19. 歷代志下三十六章 19 ～ 21 節

20. 利未記二十五章 2 ～ 5 節

21. 馬太福音十一章 28 ～ 30 節

第 2 章

誰有空休息啊？

人們總是期待我們最好都忙得要命而過勞。這儼然已經變成是種地位夠高的象徵 —— 想必是重要人士才會忙碌，就連要承認自己不忙都令人感到難以為情。

—— 史蒂芬·柯維（Stephen Covey），
《與時間有約》（First Things First）

這份遞交給日本政府的報告上，為了保護當事人的身分，只簡單地稱他為「Ａ先生」，那我們就姑且稱他為「Asako 先生」吧。他在一間日商大型食品公司工作了好幾年，他經常每週工作約一百一十小時。為了讓各位更容易理解，那大約是兩份半的四十小時全職工作的時數通通塞在一個禮拜內完成。如果要一週工作滿一百一十小時，那表示得要一週七天每天都工作十六個小時才有可能，那是他日復一日、年復一年的工作常態。

Asako 先生被人發現氣絕倒在辦公桌上，死因是心臟病發，得年三十四歲。[1]

日本甚至因此發明了一個名詞 karōshi，中文翻譯為**過勞死**，在韓國則稱之為 gwarosa（과로사／過勞死）。這些名詞都是近年才發明的，用來形容一個人工作到死。上述的三種模式都發現有必要用一個詞來描述這個越來越普遍的現象：人們因為瘋狂地超時工作、受到極大壓力、幾乎沒有時間休息，而導致他們工作到一半就突然暴斃。這件事情實在發生得過於頻繁，於是國際人權組織只好請這些國家的政府開始正視這個問題。[2]

為什麼在亞洲會有這樣的現象呢？這麼說吧，一方面這裡不像西方社會一樣以基督教為其立國之本，而基督教是源自猶太人的文化，許多研究古代歷史的專家雖然不信主，但他們認為是猶太人發明了一週七天以及其中有一天休息的機制，這明顯是個猶太 —— 基督教的共同概念。[3] 在沒有那樣的文化作為基礎的情況下，亞洲有不少的雇主，就算要求員工一週工作七天、每天都超時工作，他們也不會為此良心不安。有篇講

到過勞死現象的文章說：「許多日本的員工晚上加班到凌晨兩、三點是很稀鬆平常的事，而且隔天還是必須九點鐘準時打卡上班。」[4]

過去這幾十年來，我們文化中的聖經基礎一直都在遭受攻擊，我想這點無須多作說明。我們這個民族似乎很想盡快與自己是源於基督教的這個根基完全切割開來，不過即便如此，我們的文化仍是存留了許多基督教遺留下來的價值與道德觀，因此我們對於「安息」還是有著一定程度的尊重。四十年前，美國大部分店家禮拜天都是關門休息。雖然此景已不復存，但現在有些基督徒開的公司，例如美國大型連鎖炸雞店「福來雞」（Chick-fil-A）和工藝品連鎖企業「好必來」（Hobby Lobby）仍是保留這點。不過，在這些亞洲文化裡卻沒有相對應的歷史傳統，認為每週至少要有一天休息時間，這就是何以**過勞死**這個文明病在東方世界日趨嚴重。就在這個悲慘的現象越演越烈之餘，日本人甚至還必須再另外發明一個新詞：**過勞自殺**（karōjisatsu），用來形容那些因為過勞導致憂鬱、倦怠到受不了而自殺的人。同樣地，這個現象在亞洲也是越來越多。[5]正如大家看在眼底的，一旦沒有好好地穩定休息，結果可不光是傷身而已，就連心理與情緒也會深受其害。當在這樣的文化下有越來越多人過勞時，自殺儼然成了能夠找到安息的唯一途徑。

各位請要明白一件事，我特別指出這些文化的用意並不是要加以批評。我們美國人是還沒有到必須發明一個英文單字來形容把自己操到死的地步，不過我想大概過不了多久就用得上了，不妨姑且稱之為「安息不足症候群」，不過這個名詞大概有點拗口，也不太好記。對美國人來說，倒不見得是因為某份工作而必須一週工作七天、每天工作十六個小

時，而是我們每天無時無刻都在同時進行著好幾十件不同的事。除了本身分量就已經不輕的正職工作之外，還有其他無數的事在瓜分我們的注意力；我們是習慣性、永無止境地忙到深處無怨尤。

忙碌往往並非單純只是個習慣而已，對許多人來說，已經是種非忙不可的上癮症狀，其程度就像酒癮或是毒癮般地令人深陷其中，且難以擺脫。唯一差別可能在於，社會大眾在看到那些對藥物上癮的人會皺眉表示不予認同，但若是有人一天到晚忙來忙去、不斷讓人踩在他頭上、或者老是把行程塞好塞滿，恐怕反倒是會報以熱烈掌聲，並予以嘉獎。幾乎不太有人會因為非「忙」不可的這種症狀而被貼上負面標籤，大部分有酒癮或是毒癮的人都不太敢承認自己有這樣的毛病，但是非忙不可的上癮者倒是會為此感到驕傲。事實上，2019 年有份研究報告指出，有將近一半（48％）的美國人自認為是「工作狂」；有超過一半以上接受該份研究調查的民眾表示，當他們在填寫問卷時真的覺得工作壓力好大！[6] 他們大概不是以一種認罪的口吻在講述一件自己感到羞愧的事，我猜大部分人恐怕是在吹噓也不一定。就好像本章開頭所引用的史蒂芬 · 柯維那句話，好像被逼到瀕臨崩潰邊緣就形同自己的地位夠高似的。不過，請注意柯維的這句話是寫在他 1995 年出版的書裡，可見過去這二十五年來，我們把「忙碌」偶像化的程度恐怕只有越來越糟。

> 幾乎不太有人會因為非「忙」不可的這種症狀而被貼上負面標籤。

當提及如果有人把「忙碌」偶像化並且變得非「忙」不可時，到底要付上哪些代價，馬克‧布侃南（Mark Buchanan）這位加拿大作者兼牧師寫道：

> 我們裡面有個部分會死去。以前英國人常講一句話：「聰明的孩子學太多也會變笨（Too much work makes Jack a dull boy.）。」但其實情況恐怕比這還嚴重，學太多會讓孩子麻痺、被榨乾、變得心硬，基本上就是在扼殺他的心靈。當我們處在過於忙碌的狀態裡，一切要不是令人感到舉步維艱，就是通通糾結在一塊；若非意志消沉，就是引起徹底的混亂。那些已經習以為常的事令我們感到了無生趣，然而，面對不熟悉的事物卻又覺得倍受威脅。不論是想要力求穩定或是冒險犯難，恐怕兩者都使不上力。[7]

好東西若是過量，仍是有礙健康

我彷彿可以聽到網路上的鄉民們跳出來說：「那個什麼羅伯特‧莫里斯（Robert Morris）啊，他把咱們美國人傳統的美好工作倫理丟到哪去了，他是在叫大家都不要努力工作嗎？」

當然，事實並非如此，好吃懶做絕對不合乎聖經真理，也不是什麼美德。聖經裡最有智慧的箴言裡就不斷地警告人，切莫懶惰或是閒閒不做事（只要查一下箴言都是怎麼講到「懶惰」，就可略知一二）。此外，

我們也常忘記，神講到安息日的這條誠命，其實有著相對應的另一個層面。神說：「六日要勞碌做你一切的工。」[8]沒錯，神要我們每週七天休息一天的前提是，你在其餘的六天裡，都充滿活力地在自己的職場或是家中好好地工作。

確實，對我們大部分人來說，現今文明社會裡的工作六天與當年以色列人種田或牧羊的工作很不一樣。他們基本上是，一連六天，每天都從日出到日落一直做著同一件事，也就是照顧好自己的農地、羊群和家園。自人類有歷史以來大都是如此，我們祖父母那一代的人也都是這樣生活。

現代人幾乎都是週休二日，對許多坐辦公室的人來說，上下班大概都會需要有段相當長的通勤時間。在太陽還沒升起來之前就得出門，等回到家的時候都已經天黑了，這樣的模式對某些人來說並不陌生。但不僅如此，我們還很努力要把家中和院子裡的其他工作都給顧好，另外還得規劃一家人晚上或是週末該做些什麼。然後還要加上許多大小活動、個人須盡義務、社交活動、兼差，喔，對了，作父母的，如果家裡孩子還小，就還有無止境的學校作業和課外活動。

至於有了智慧型手機以後，則是讓我們能夠把上網這件事——尤其是花在社群媒體上的時間——塞進原本就已經過滿的行程表裡，基本上是只要哪裡有空隙、哪一刻有得閒，就往那裡塞。要是社群媒體能夠達到使人心靈平靜安穩、備受鼓舞或是得到滋養的話，這恐怕也不是個什麼大問題，但我想大家心知肚明，事實並非如此。大部分在社群媒體上的貼文或是新聞都是一連串的壞消息、殘暴或災難事件。在這個墮落的

世界裡，充滿著令人聞之不是傷心欲絕就是氣憤萬分的事——而現在我們手上的這項裝置還不停把這些東西時不時地推送到我們眼前。就算真的有人貼出來的內容是好的、屬靈或是非常地鼓舞人心，但下面留言區的內容卻還是會讓人氣得半死。網路上，鄉民的留言討論串大概會是你所見過最黑暗、最負面也最挑釁的言論了。

　　其他的社群媒體平台大概都會讓你覺得自己不夠格、不可愛、不特別或是無聊至極，因為它們會營造出一個假象，讓你誤以為自己所認識的每個人都過得比你好；他們去的餐廳比較高級、休假的地點比較棒、就連養的寵物都比較可愛，基本上就是無時無刻都很開心。要曉得，不是只有工作得很辛苦會讓人感到身心靈俱疲。

　　手機對大部分人而言，大概都是每天二十四小時不離身，基本上可能一有空或是某件事情做到一半，它就會立刻成為我們目光專注的焦點。正在商店裡排隊嗎？拿出手機吧。在等紅燈嗎？看一下手機吧。與自己的配偶或是朋友講話講到一半突然有個空檔？趕緊瞄一眼手機。此舉無疑就像是在吊點滴似地，不斷把焦慮、憤怒、恐懼和負面想法輸入到自己早已疲憊不堪的心靈裡。

　　不，認真工作一點問題也沒有，反倒是相當地重要，就連神的智慧法則也總是鼓勵人要勤奮和追求卓越。不過，若是想要持續長久辛勤地工作，那我們就一定要尊榮神所設的另一條永不改變、也不容變通的法則：守安息日的法則。

　　工作不是我們的敵人，真正與我們為敵的正是那試著要讓人無法休息的試探。既然如此，那為什麼我們不休息呢？

> 神的智慧法則也總是鼓勵人要勤奮和追
> 求卓越。

動機高尚，失去平衡

通常，我們總是會有個光明正大的理由告訴自己為什麼不該休息，可能是出於責任感而想要再盡量多做一點。許多男人認為自己存在的意義有相當大的一部分取決於他是否能夠「好好供應」家人的需要，女性則是會因為想要滿足所有人的需要而感受到極大的壓力，她們常會努力成為職業婦女，或是至少能夠為家裡帶來多一份收入，**同時**還得兼顧社會對於女性這個角色的傳統期待：把家庭顧好。當然，如果是單親父母就沒得選，什麼都得要自己來而且自己做到好。

沒有人想被指控自己都不顧家庭或是沒有扛起責任。如果你和我一樣都是從小在教會長大，此刻保羅對提摩太所說的重話大概已經言猶在耳：「人若不看顧親屬，就是背了真道，比不信的人還不好。」[9]

比不信的人還要不好！沒有哪個基督徒會想這樣被指控，因此我們會告訴自己：「明白了，我一定要不計一切代價地把我家人照顧好。」這樣的重責大任不免讓人覺得自己有光明正大的理由可以忽略神要我們每七天休息一天的誡命，不過，為了讓我們能夠確實明白保羅講這段話的用意，這段話必須從神的誡命的角度來看。就好像你不會用「有家庭要養」合理化偷竊，相信你也會認同，神不會要你藉由違背某條誡命來守住另外一條。選擇守安息日的誡命就如同要把收入的十分之一奉獻

給神一樣，都需要信心才能跨得出去，需要信靠神會超自然地幫助你在每週其餘的六天裡把你所有該負的職責完成。而我今天就是要來告訴各位，祂真的會說到做到！

> 如果身心都能好好休息，一個人其實會在每週剩餘的六天裡更有效率和高效能地去做好每一件事。

若是你選擇信靠和相信神，每週分別一天出來，讓自己可以重新充電和被更新，你絕對不會淪落到無法供應自己和家人的需要。當你排出一天的時間什麼事都不做，那也不會讓你變得比較不重要或沒價值——這與當代風氣嘗試要說服你的信念截然不同，然而事實真的不是這麼一回事。學習好好休息有助於你完成自己該做的事情，如果身心都能好好休息，一個人其實會在每週剩餘的六天裡更有效率和高效能地去做好每一件事。這就是史蒂芬 · 柯維所說的「不斷更新」（sharpening the saw），這個概念其實也與林肯總統這一句很有智慧的名言彼此相呼應：

> 如果要我在六小時內砍倒一棵樹，我會先用前面的四小時磨利斧頭。[10]

重點在於只要每週好好休息一天，絕對會比你連續工作七天還要更有效率和生產力。請容我重申，神的誡命一定都是為了我們好，神不會沒事突然把一堆障礙和攔阻丟到你面前，祂其實是想要幫助你。神不

光是藉由安息日使我們被分別為聖，成為一群專屬於祂的百姓，守安息日還是個祝福！安息日的用意是要我們每週至少歡慶一次，甚至有點像是參加派對。古時候，其他人都是每年會為某個偶像舉辦個什麼祭典，但以色列的神卻讓祂的百姓每週都可以大肆歡慶一番——讓家人可以團聚、放鬆、休息並且重新得力。這一天就是要來歡慶自己是屬神的百姓，以及歡慶祂是何等良善。

　　的確，每週要好好休息一天還真是很難辦到。在現代人的生活裡，好像所有的事都使人無法休息，可是請不要誤以為這件事在過去就比較容易做得到。想像一下，當時的生活可是沒有超市、洗衣機、車子或是抽水馬桶這些東西。所有的事都得花上很長的時間、勞心費力、還得自己動手做。即便你可能有在做生意，像是鐵匠或是木工等，大概還是免不了要飼養牲畜或是種田。每年過冬也需要花更長時間預備，儲備糧食和民生用品。事實就是，即便在當時也是需要信心和信靠神才有可能好好地守安息日，如今也是如此。

贖回休息

　　讓我們再看一次希伯來書裡的這段重點經文，底下的經文是使用和合本加上英文擴大版的聖經注解，讀起來會更有亮光：

> 又向誰起誓，不容他們進入祂的安息呢？豈不是向那些不信從〔不聽神的話和拒絕順從或是聽從〕的人嗎？這樣看

來，他們不能進入〔祂的〕安息是因為不信的緣故了〔不信把他們擋在外頭〕。我們既蒙留下，〔如今〕有進入祂安息的應許，就當畏懼〔萬一不信〕，免得我們（原文是你們）中間或有人似乎是〔趕不上〕了。因為有〔屬神的〕福音傳給我們，像傳給〔當年把可以讓以色列人從綑綁中得救的好消息臨到〕他們一樣；只是所聽見的道與他們無益，因為他們沒有信心〔就是全人全心相信和倚靠神的大能、智慧和良善〕與〔約書亞和迦勒〕所聽見〔就信了〕的道調和。[11]

　　按照希伯來書的這段經文來看，是什麼攔阻我們進入神的安息呢？不順從與不信。以色列人的不信──或者我們也能說，是因為他們對神不夠有信心和不願意信靠祂──使得人選擇讓自己硬著心，拒絕「全心全人地完全信靠神，以及對祂的大能、智慧和良善抱持信心」。當人不信靠神的時候，唯一的出路就只能相信自己，相信只要努力就能人定勝天，這使得耶和華明明很渴望以色列人能夠進入安息，但他們就是不得其門而入。

　　各位請記住，這些百姓過去曾在埃及為奴四百年。就在摩西去找法老對質之後的那幾個月裡，事情不僅越演越烈，每天都像在演八點檔似的，奴役這些百姓的埃及主人不僅加重他們的負擔，還提出了不合理的要求。然而，藉著神的手施展了奇妙大能的作為，他們離開埃及，並在過完紅海後進入西奈半島崎嶇的沙漠裡，在那裡展開了一趟漫長又艱辛的旅程。如果要說有哪群人最需要休息，一定非他們莫屬。耶和華向他

們展現出祂極大的愛，奇妙地供應他們一切所需，也透過許多方式彰顯自己的同在給他們看。不過，那一代以色列人一直都不夠信靠神，也無法相信祂會帶領自己去到一個好地方。應許之地本該會是他們能夠進去好好休息的地方，卻因他們不願意順服與信靠，結果就失去了進入那地的資格。又過了好幾個世紀，以賽亞對猶大國說了一段先知性話語，預言了即將到來的審判。這段經文有幾個地方讓人實在百思不得其解：

> 主耶和華──以色列的聖者曾如此說：你們得救在乎歸回安息；你們得力在乎平靜安穩；你們竟自不肯。[12]

就連以色列百姓在被擄到巴比倫之前，耶和華都還在懇求他們能照祂渴望的進入安息。祂提醒百姓只要他們願意信靠祂並進入平靜安穩，就能夠重新得力，不過，就在神這樣溫柔地懇求之後，以賽亞控訴說：「但你們竟自不肯。」多麼可悲呀！

┃ 耶和華向他們展現出祂極大的愛。

但請先不要一下就狠批這些猶大國的百姓，而是需要意識到自己可能也常做出同樣的事。神說：「要安息。」可是很多時候是我們自己不願意，安息是從神而來的一份禮物，不過需要憑信心才能夠收下它。

贖回工作

我們已經談過神說每七天要休息一天，這個前提是在剩餘的六天裡就應該好好地工作。因此，如果你發現神像你一樣在乎你的工作，應該不至於感到訝異才是。

我們每天醒著的時候，大概不免會一直談論工作、想著工作的事、為工作制定計畫、期待或是一想到工作就會有點害怕。要是覺得自己做得不夠多，恐怕就會感到自責，但要是做得太多則又會感覺到忿恨不平。我們的生活基本上是圍繞著工作打轉，可是往往使我們疲憊的並非工作本身，而是隨之而來的擔憂、苦惱、壓力、焦慮，才是真正消磨人意志的主因。在我還沒有理解好好守安息日的重要性，也還沒有為「休息日」設立明確且堅定的界線之前，我的確在過去那些年間經歷到上述的狀況。在我真正醒悟之前，每次只要我休一天假，我那一整天都會一直想著所有我還沒做的事，並且忍不住覺得非常地愧疚；我腦中的這些盤算偷走了我靈裡的平靜安穩。

真理是，工作——是件有意義、做了可以看到果效的事——也是從神而來的神聖禮物。明白工作是個祝福有助於我們更能欣賞安息也是一份祝福。有些人誤以為工作是自從人類墮落、罪惡進入世界之後所受到的一個咒詛，但工作並不是咒詛！甚至早在亞當墮落之前，工作就已經存在了。請看下列這段出自創世記二章的文字：

> 耶和華神將那人安置在伊甸園，使他修理，看守。[13]

各位看到了嗎？在罪使人墮落之前，神就已經派工作給人了。神為什麼要創造工作？因為神愛我們！神渴望我們能做一些會帶來獎賞和成就感的事，祂不希望我們每天坐在那裡無所事事，既無趣、也沒辦法有所成就，因此祂賜福我們人人有工作可做。我們可以全心投入、胼手胝足地做自己手中的工作。而在投資了一段時間和精力後，也就能夠稍微退一步，並且為自己的成就感到心滿意足，我們會因為看見自己完成了某件事而樂在其中。

> 我們會因為看見自己完成了某件事而樂在其中。

沒錯，神是因為愛我們才會讓我們工作，不過，咒詛卻讓工作變得難上加難。因為亞當吃了分辨善惡知識樹上的果子，神只好告訴他這個行為會帶來的可怕後果：

> 地必為你的緣故受咒詛；你必終身勞苦才能從地裡得吃的。
> 地必給你長出荊棘和蒺藜來；你也要吃田間的菜蔬。你必
> 汗流滿面才得糊口，直到你歸了土，因為你是從土而出的。
> 你本是塵土，仍要歸於塵土……。[14]

勞苦和汗流浹背，這才是咒詛讓工作變質的部分，咒詛使得工作變成了艱辛的做苦工。原本工作可以帶來的豐盛和多產，現在卻只能事倍

功半。你在工作上遇過這樣的狀況嗎？好像忙碌了一整天之後，最後卻是徒勞無功──人依舊難搞，事也還是一樣棘手。接著，就在你以為自己處理好其中一部分時，竟又節外生枝。

這就是這個墮落世界的現況，不過，容我告訴你一個超棒的消息，耶穌基督已經救贖我們脫離了這個咒詛。[15] 耶穌為重生的基督徒提供了一條道路，讓我們不再看工作只是在這世上汗流浹背地做苦工。就好像你因著耶穌基督在十架上成就的工作而得救，你的工作也因此而被贖回了！現在的你看待工作，應該就像亞當還沒墮落前之看自己工作的眼光一樣。不論你從事什麼樣的工作，都可以、也應該要使神得榮耀。[16] 無論你做什麼，或是不管那份工作再怎麼枯燥乏味，那都是你能夠歸榮耀給神和討神喜悅的一種敬拜。事實上，舊約裡有時翻譯成「工作」的這個希伯來字 avodah，同樣也有「敬拜」的意思。其實，在聖經裡，avodah 這個字會隨著前後文而被翻譯成幾種不同的意思：「工作」、「敬拜」或是「服事」。比方說，在創世記二章 5 節，在神創造人之前，神的話語這麼記載：「也沒有人耕地（avodah）。」[17] 再往後看第 15 節那裡寫道：「耶和華神把那人安置在伊甸園裡，叫他耕種（avodah）和看守那園子。[18] 不過，神在出埃及記八章 1 節這裡說：「讓我的人民離開這裡，使他們可以事奉（avodah；英文譯為敬拜〔worship〕）我。」[19]

這裡有一個要給我們的訊息，說明我們的工作可以是事奉／敬拜的一種形式。一方面，透過追求卓越和勤奮就可以使主受尊崇，也能透過供應家人的需要來服事他們，並透過提供附加價值來服事自己所屬的群體。對基督徒來說，當我們將自己手中的工作視為獻給神的敬拜，就能

夠使神國擴張。不過，既然我們也身為天國公民，我們的工作就更具有另外一層屬天的意涵。

當工作成了你一想到就會心生畏懼的苦差事時，那是下面這兩件事的警訊之一：有可能是因為你沒有好好地守好安息日而疲憊不堪，不然就表示你需要對工作的神聖性徹底改觀。你需要把工作視為不僅能夠稱頌神，也具有屬天意涵的一件事。換句話說，你需要贖回自己的工作。

> 可以從為著自己的工作向神獻上感謝開始練習起。

可以從為著自己的工作向神獻上感謝開始練習起，感謝能夠領人進入祂的國。就算目前一想到工作什麼都讓你覺得反感，你一定還是能夠找到在工作上值得感謝神的**某件事**。任何事都可以！有可能你很喜歡辦公室廁所裡的磁磚顏色，不如就開始為那感謝神吧。一旦你轉變為滿懷感恩和積極正面的態度，你就是一步步地在將自己的工作視為敬拜／事奉（avodah），也就是具有屬天意涵的一種敬拜行動。從馬克・布侃南牧師所寫的下面這段話，可以得知他曾經歷過這個轉變：

> 要是工作變成是在敬拜？要是你手中所在做的工作——
> 修理除草機、刷鍋子、鋪柏油路、整骨、記帳——都是神聖的，
> 是你能夠用來給予或是領受上帝神聖同在的方式？要是你的

老闆正是耶穌本人，就是總是看顧你，而你也願意全力以赴去尊榮祂的那一位？這是一個非常激進的想法：下次你又想要抱怨工作的時候，不如改為開口讚美神吧。下次當你打算要講同事八卦或是說老闆壞話的時候，請千萬要攔住自己，並且試著換個方向：為他們禱告、感謝神、找出他們的優點。下次當你想要遞辭呈的時候，不妨就轉念去敬拜吧。[20]

與你心為敵的會利用這世上的荊棘和蒺藜來使你感到挫敗，好叫你無法將工作轉變成敬拜。這個敵人也與神作對，牠一點都不希望你發現和深耕於神所賦予你的天職。無論如何都要更深地挖掘，並且堅持到底。

對了，你知道「天職」這個字是從哪裡來的嗎？它源自拉丁文 vocare 這個字，意思是呼召或是命名。神呼召你出來去做唯有你能做的那件事，那就是你的天職。神透過你內心低沉的聲音告訴你，祂創造你要去做什麼，祂渴望你留心聽祂對你的呼召。

在我們繼續討論這件事之前，必須先消除人創造來區分工作與服事的那條分隔線，當我說「做主工」的時候，你們馬上會想到什麼工作或職業呢？如果我說有個人是在做「主的工作」，你會猜想那人是從事什麼工作呢？我猜你應該馬上會想到他有可能是牧師、宣教士或全職服事者。同樣的，如果你像大部分人一樣，你會認為當會計、作業務、賣豬肉、做麵包或是製作蠟燭的工作都是世俗、屬世的工作。你懂的，就是那種普通、不屬靈的工作。

這個分隔線不僅是人造的，也不合乎聖經，事實是只要你是屬神的，

那麼不論你做什麼都是在「做主工」。只是不知道為什麼，當神創造和呼召一個男人或女人成為消防隊員的時候，我們竟然不認為這個人已經是在「全職服事」，也不覺得他／她對神國具有舉足輕重的影響力。但事實絕非如此！如果基督徒這樣想，就容易認為只有在教會自願擔任義工才能叫作服事，但這個錯誤的觀念，卻會使他們每個禮拜大部分醒著的時間所做的事，都變成再世俗不過的事──太過低俗和枯燥乏味，神大概不會想要參與其中。

請千萬別再這麼想了，只要你是神的兒女，那麼，不論你做什麼賴以維生，都「不是」一件世俗的事，而是神聖至極。

贖回時間

不久前，有個認識多年的人寄了一封電子郵件給我，他邀請我一起吃午餐、敘敘舊。我很快地看了一下自己的行事曆，發現我接下來大概都沒空與他碰面。接下來好幾個禮拜，除了安息日之外，其他每天的時間已經都排得很滿了。於是，我回了一封深表遺憾但也很直白的信，告訴他說：「我真的很抱歉；我很看重我們的關係，但是我現在真的沒辦法與你碰面，我的行程已經都排滿了。」

我馬上就接到了他的回信，希望我改變心意：「你難道不能為我挪出時間來嗎？」

我其實懂他在問什麼，我相信自己以前大概也有請別人為我挪出時間過。不過，我可是吃盡了苦頭才總算明白神是多麼地看重時間，以及

自己有必要照著神的優先次序做事，因此我回覆：「我是真的把你當朋友，不過我也的確沒辦法，只有神才能夠創造出時間來。事實上，到底會有多少時間的這件事已經成定局了。我也很希望自己有這個能耐，但我實在連一個小時都生不出來。」

　　你不覺得有時候那就是我們在這世界上最需要的東西嗎？只要能再多一個小時就好？我有次半開玩笑地問神——每天只要多個一小時就足已。其實，在作那個禱告的背後，我實際上在想，我某個程度上說服了自己，只要可以每天多出一小時，我就不會再覺得自己一直趕不及完成每一件事，也不會一天到晚覺得壓力很大了。不過，那當然是想得太過天真，也很像是大家對於金錢常會有的一種謬論：所有面臨財務壓力的人都打從心底相信，只要可以擁有再多一點點收入，一切就都會天下太平了。可惜事實並非如此，再多的錢都解決不了原先就根深蒂固的理財問題，打從一開始就是因為不會理財，才會面臨財務壓力。至於時間也是如此，擁有再多時間也無法解決問題，更好的時間管理才是答案。

> 擁有再多時間也無法解決問題，更好的
> 時間管理才是答案。

　　我與那位同事後來確實碰面了，他並沒有因此怪罪於我，甚至還說他很欽佩我會堅持自己的立場。他說他也因此受到啟發，現在如果有人要來跟他約時間，他也為自己設下了更為明確的界線。

我們沒有人能夠「創造出時間」，也無法「省下」任何時間。聽到這點很訝異嗎？我們常聽到有些省時裝置，或是可以怎麼透過一些技巧和捷徑節省時間。的確，我們常會像討論金錢一樣地看待時間，我們也確實「可以」省下金錢，不過，時間卻只能用來花費、管理和投資，我們絲毫無法省下任何一分一秒。就好像你沒辦法把今天的兩個小時存在銀行裡，等過幾週後再把那時間提出來用，不論你那天再怎麼迫切需要擁有 26 小時都沒有用。如果時間好比金錢，那麼，我們每個人的收入都是固定的，時間不會有所謂的貧富差距或是分配不均的問題，你、我、比爾‧蓋茲（Bill Gates）、巴菲特（Warren Buffett），或是住在天橋下的流浪漢，我們所有人每天都被分配到固定的 1440 分鐘。

我們之間唯一的區別就在於我們是怎麼運用那些時間的；在時間面前，人人平等。

做出時間相關的決定可以説是一種**零和遊戲**，意思是當你決定花一個小時去做某件事，就表示那一個小時的時間不可能再拿來去做另一件事。當你決定要接受某個邀約去與某個人見面，就表示你在那段時間裡沒有要讀書、與家人相處，或是與同工們聚集分享。我真的無法創造出任何多餘的時間，你也無法，我們在這件事情上唯一具有的權力就是選擇權。

我費了好大一番工夫和折騰好久才理解這一點。我這一生花了不少時間很努力地想找出能夠盡量節省時間的方式，我有時候還是會不自覺地這麼做。比方説去銀行辦事（譯者註：美國銀行有類似得來速的免下車服務），我會像個科學家似地研究不同車道的排隊速度，為了不要被

特別多車或少車的那一道給騙了，我會仔細算一下每條車道上各有幾輛車，也會觀察前面有誰在從氣送管（pneumatic tube）裡領取東西、還是單純存放東西。我總覺得自己很有把握可以推算得出來，排哪一道可以讓我用最短時間辦完事情，趕快離開。

不過我從來沒有猜對過，一次都沒有！

毫無意外，我一定都會選到前一個人是要跟行員討論房貸的那一道，我就只能坐在車上乾著急，並眼睜睜地看著旁邊車道川流不息地不停前進。看見那些車加速開走時，我真的既懊惱又嫉妒，他們來銀行要辦的事都辦好了，就能夠繼續去完成其他待辦事項。有時候，高速公路上塞車或是在超市準備結帳時，我也會這麼做，不過我的眼光似乎不管到哪兒都不是太好，我沒去排的「其他」隊伍永遠都前進得更快。

後來我發現，每當我越想要節省時間，卻反而浪費了更多的時間。我相信下面這個場景大家應該都不陌生：你的孩子放學後，你去接她回家，當她一邊告訴你今天過得如何時，你一邊在想：「她一邊在講的同時，我應該可以思考一下明天會議要怎麼進行吧？」當你思緒飄走的時候，你其實就已經在浪費時間了。事實上，你浪費掉的是既珍貴、也難以取代的一段時光。那個小女孩不會重讀三年級，她也不會一直停留在八歲三個月又四天大，等到明天，她就是八歲三個月又五天大了。像這樣能夠與她一起好好聊聊的機會，可是一旦錯過就再也回不去了。

當我們白費許多力氣想要節省時間的同時，到底浪費掉了多少寶貴的光陰呢？你和我都無法留住時間，時間只會不停地從我們手中流逝。

我有很深刻的印象。過去，我曾經到另外一間教會擔任客座講員。

當我們在聚會中敬拜時，我身邊的每個人都很深地在靈裡敬拜和讚美神，看著他們臉上的表情，可以明顯看得出來大家都經歷到了神的同在。可是，在那個當下，我的心思早已經不知道飄到幾千公里之外，因為我很努力地想要解決我家裡在面對的一個問題，也一直無法決定自己該對那個人說什麼，或是我應該怎麼面對那個人。突然間，我內心七上八下的思緒，突然被神清晰而明確的聲音給打斷了：

「你在幹嘛？」

「喔主，」我回答道：「我很努力地在解決這個問題。」

「喔，但是這裡所有人都在敬拜我耶！」

我有聽懂祂在說什麼，於是，我立刻把焦點專注在祂對我的良善與信實上，當我一這麼做的時候，就立刻感覺到祂的同在如同一陣微風吹拂過來。那個當下，我從主那裡領受到一個啟示，我聽見祂說：「接下來的這一個小時裡，你在這世上的唯一目的就是要服事現場的這些人，他們需要你全神貫注。至於你的問題我會處理好的，放心，有我在。同時，我需要你選擇把接下來的這一個小時全心全意地用在這群人身上。」

> 你的問題我會處理好的，放心，有我在。

我永遠不會忘記那天所學到的功課，神除了把我帶回到那個當下之外，祂還提醒我**此時此刻**才是我們需要把握住的一切。

你會如何運用自己的時間呢？最重要的是，你會不會守安息日和好好地休息呢？我知道，你剛剛在看那個問題的同時，你的腦中可能已經出現一個聲音，告訴你說你絕對不可能辦得到，還說你怎麼可能有辦法承受得住每週都要「損失」一天的工作時間，這絕對行不通的。

聖經也找得到與那些聲音相仿的經文，容我好好地向各位解釋。

好像前面也曾看過的，我們知道神在出埃及記二十章向摩西和以色列百姓頒布了十誡，包含守安息日是其中的第四條誡命。不過，你知道神有再次重複祂要百姓守安息日的這條誡命嗎？就是在申命記第五章，耶和華第一次介紹安息日的這條誡命時，祂利用自己創造世界也是用了六天的這點來說明，祂說：「因為六日之內，耶和華造天、地、海，和其中的萬物，第七日便安息。」（11 節）不過，在申命記，神用截然不同的方式來解釋安息日的意義：

> 當照耶和華——你神所吩咐的守安息日為聖日。六日要勞碌做你一切的工，但第七日是向耶和華—你神當守的安息日……你也要記念你在埃及地作過奴僕；耶和華——你神用大能的手和伸出來的膀臂將你從那裡領出來。因此，耶和華——你的神吩咐你守安息日。[21]

你有發現嗎？這裡不再回到過去用神造天地時的景況來解釋安息日，而是讓百姓回頭看自己剛剛如何從奴役中被拯救出來；這個區別十分有趣。

神的百姓過去為奴了幾百年，奴隸可沒有休息的權利。他們無法自行決定工作了幾天之後要休息一天，督工的會拿著鞭子在奴隸旁邊要求他們一直工作，不可偷懶。但安息日就是在提醒我們，因著神憐憫祂的百姓，就讓這些奴役百姓的埃及督工都淹死在海裡了。

　　就某個程度來說，我們當中很多人都把那些奴役我們的督工又從海底撈了上來，還為他們做心肺復甦術！因此，每當你嘗試要休息一下，他們就會拿著鞭子出現在你旁邊，他們就是我前面提到經常會在你腦海中冒出來的那些聲音：「你以為你在幹嘛？你難道忘了自己到底有多少事情還沒有做嗎？看來你真是忘得一乾二淨呀，讓我來把每件該做的事情列出來給你看……。」這些都是奴役我們的督工會說的話。可是你已經不再是為奴的，你早已蒙救贖了。

　　就像我在本章一開頭說的，守安息日需要信心。神邀請我們安息在祂裡面，可是必須先信靠祂的大能與信實，才有可能進入那份安息。守安息日就是讓神在我們個人時間上居首位的主要方法。

> 神邀請我們安息在祂裡面，可是必須先信靠祂的大能與信實，才有可能進入那份安息。

　　我在本章開頭引用了史蒂芬‧柯維《與時間有約》一書的內容，這本書是在講時間管理，而他在書中用了一個很屬害的例子來說明這項

原則。[22] 我在自己另外一本著作《超越蒙福》中也有分享過這個故事，不過值得在此再分享一次。

　　柯維形容有一群非常具有野心的 MBA 學生在一堂時間管理的研討會上聚集，課堂上專家分享到一半時說：「好，小考時間到了。」然後就拿出一個寬口的大玻璃瓶，把它擺放在自己面前的桌上。接著他拿出一個桶子，裡面裝滿了拳頭大小的石頭。他小心翼翼地把石頭一個個地放進玻璃瓶裡，直到滿到瓶口、再也放不進去為止。接著，他問全班同學：「請問這個瓶子裝滿了嗎？」全班的人都點了點頭，而他又反問：「真的嗎？」接著，他從桌子底下拿出一桶豆子大小的碎石子，並且把其中一些碎石子倒進去，並且搖一搖那個玻璃瓶，讓那些小石頭可以塞進大石頭之間的縫隙裡，直到再也倒不進去為止。

　　接著，他又再次對全班投以微笑並問道：「現在，這個瓶子裝滿了嗎？」這次同學們比較謹慎了，「可能還沒滿。」其中一個人這麼回答。「很好！」他這麼回覆。他又從桌子底下拿出一桶沙來，並且開始往瓶子裡倒，沒三兩下沙子就塞滿了大石塊和小碎石中間的空隙。他又再次提出了這個問題：「這個瓶子裝滿了嗎？」這次沒有人敢再應聲。這位教師笑而不答，拿出了一壺水往裡頭倒，直到水滿到了瓶口。後來他看著全班同學又問了一次：「有人可以告訴我這個例子是要說明什麼嗎？」

　　現場有個人舉手並說：「這個重點是，不論你覺得自己的行程有多滿，永遠都可以找到空隙把事情塞進去！」

　　「不對，」這位講員回覆：「那不是我要說明的重點，事實上，這個例子是在教導我們，如果你沒有把大石頭優先放進去，就永遠不會有

空間放得進去了。」從時間管理的角度來說，這門課的重點在於我們必須「安排好時間」和「保護好」那些自己希望完成的重要之事，不然，你永遠不會有時間去完成它們；一定要把重要事務優先排進日程。

這話真是千真萬確啊！也請容我用另外一個方式來跟各位說明。如果講到個人時間的安排，安息日就是最大的那塊石頭。你可能會覺得就算沒守安息日應該也不會怎樣吧，不過，我今天就是要來告訴你，真的不能不守安息日。

等一下你就會發現，如果你沒有先把安息的這塊大石頭放進去，你的行程永遠都會滿滿當當，到了讓你真的找不到時間休息的地步，構成你這個人的四個重要組件就會一直不斷地耗損，直到你被消耗殆盡為止。

注 釋

1. 〈案例研究──過勞死〉（Karoshi: Death from Overwork.），2013 年刊載於 Ilo.org；參考連結：http://ilo.org/safework/info/publications/WCMS_211571/lang--en/index.htm（連結 2022 年 4 月 17 日有效）。

2. 〈案例研究─過勞死〉。

3. 以下文字引用自羅格斯大學（Rutgers University）教授伊維塔．傑魯巴維（Eviatar Zerubavel）博士的著作〈七日週期──一週的歷史和意義〉（The Seven-Day Circle: The History and Meaning of the Week）：「一直以來，我們都以七天為一個週期的循環，不過它與月亮或是月相的變化一點關係也沒有，這很明顯是猶太人發明的。」（1985 年由芝加哥大學出版）；原文第 11 頁。

4. 〈日本年輕人工作到死〉，艾德溫．蘭恩（Edwin Lane）撰寫，2017 年 BBC 新聞報導；參考連結：https://www.bbc.com/news/business-39981997（連結 2022 年 4 月 17 有效）。

5. 〈現代日本社會自殺問題──其社經背景與宗教反應〉，奧山倫明（Michiaki Okuyama）撰寫，2009 年刊載於 Researchmap.jp；參考連結：https://www.researchgate.net/publication/286508080_The_Suicide_Problem_in_Contemporary_Japanese_Society_Its_Economic_and_Social_Backdrop_and_Religious_Reactions（連結 2022 年 4 月 17 有效）。

6. 〈幾乎一半的美國人自認為是「工作狂」〉，泰勒．史莫（Tyler Schmall）撰寫，2019 年刊載於 NTPost.com；參考連結：https://nypost.com/2019/02/01/almost-half-of-americans-consider-themselves-workaholics/（連結 2022 年 4 月 17 有效）。

7. 《享受安息》（The Rest of God: Restoring Your Soul by Restoring Sabbath），馬克．布侃南（Mark Buchanan）著（橄欖／聖經資源中心出版，2009 年）；原文書第 47 頁。

8. 出埃及記二十章 9 節

9. 提摩太前書五章 8 節

10. 《亞伯拉罕．林肯語錄》（Abraham Lincoln: His Words），丹尼爾．柯恩（Daniel Coenn）著；電子書版本（2014 年 BookRix 出版）。

11. 希伯來書三章 18 ～四章 2 節

12. 以賽亞書三十章 15 節

13. 創世記二章 15 節

14. 創世記三章 17 ～ 19 節

15. 創世記三章 13 節

16. 歌羅西書三章 23 ～ 24 節：「無論做什麼，都要從心裡做，像是給主做的，不是給人做的，因你們知道從主那裡必得著基業為賞賜；你們所事奉的乃是主基督。」

17. 新譯本

18. 創世記二章 15 節（新譯本）

19. 新譯本

20. 《享受安息》（The Rest of God: Restoring Your Soul by Restoring Sabbath），馬克．布侃南著，同注釋 7，原文書第 27 頁。

21. 申命記五章 12 ～ 15 節

22. 《與時間有約》（First Things First），史蒂芬．柯維（Stephen R. Covey）、羅傑．梅瑞爾（A. Roger Merill）及麗蓓嘉．梅瑞爾（Rebecca R. Merill）著（天下文化出版，2004 年）；原文書第 88 頁。

第 3 章
健康的四大量表

你是一個屬靈人，你有靈魂，並且居住在一個身體裡。

—— 基督教既有真理

過去這幾年裡，我曾多次因為服事，離開所居住的德州並去到很遠的地方，不過，每次去到其他地方，我都還是十分訝異汽油在那些地方居然會貴這麼多。我曉得在德州把油加滿的價格可能比美國其他州要便宜，主要是因為德州政府徵收比較低的油價稅。但還有一個很大的因素，就是德州是美國境內最主要發現、開採石油和煉油的地方。換句話說，因為這裡就是出產地，汽油在這裡才能這麼便宜。

　　在德州境內，不論你車開到哪兒，隨處都可以看得出來汽油工業在我們這個碩大的州裡，具有多麼舉足輕重的地位。德州到底有多大呢？為了讓大家可以稍微有點概念，如果從德州西部的特克薩卡納市（Texarkana），一路開到東部的厄爾巴索（El Paso），總距離是 1,307 公里遠，大概要連開十二到十三個小時，中間還不能停下來上廁所。沿途你會看到數不盡的油井、煉油廠還有儲油槽，不斷地提醒著你，目前正在有開採石油的國家裡。當你開在高速公路時，大概也會看到數量很可觀的運油車，載滿了要運送到全美各地汽油站的汽油。德州西部屬於平坦地形，如果車開在高速公路上，一路就是平穩地慢慢開，而當連續一百多公里的路完全都沒有任何彎道，或是需要轉向的地方時，恐怕難免睡意就會襲來和不小心出神，要是有輛大油罐車突然從旁邊車道呼嘯而過，你整輛車都會搖晃一下。相信不出幾秒鐘，你整個人大概就會瞬間清醒了過來，我不曉得經歷過幾次這樣的事了。

　　某天，神透過其中一輛油罐車作為一個個別化的例子，把關於我蒙召作為牧師和教師的一個信息，深深地烙印在我的心上。祂說：「羅伯特，你就是這輛油罐車，這是你的工作。」當下我腦中立刻浮現了一輛

十八輪大卡車的圖像，主又繼續對我說：「你的工作就是要載著你車上的油去到不同站點，把他們的油槽通通加滿。」祂一講完，我就明白了祂的意思。我需要把我家裡的油槽裝滿，也要確保我教會裡的長老、全職同工、帶職領袖和所有的會眾們的油都是加滿的。後來我還想到，我還要為其他教會的牧者們加油，因為 Gateway 教會已經發展成為國內許多其他地方教會會來向我們討教和尋求鼓勵的地方。

這一切實在是非常地合理，我的職責就是要去使人的油可以再次被加滿。不過，就在我把這兩件事串在一起的時候，我又有了另外一層的理解。那輛名為「羅伯特・莫里斯」的油罐車，過去有大半的時間都是處在幾乎沒有油的狀態！那一瞬間，神使我看到了這點：原來，我過去都是在用連一滴油都沒有的油桶在服事著每一個人。

Gateway 教會剛成立的那頭幾年，我是怎麼過的，我在前面已經大致描述過，不過，我沒有讓各位知道的是，一股莫須有的罪咎感，到底在當時扮演了怎樣的角色，才會讓我連要休一天假都沒辦法。

其實在一開始的時候，我也有嘗試要每週至少休息一天，「嘗試」是那句話裡的關鍵字。也因為我們禮拜六、日兩天都有崇拜，所以對我來說，休禮拜一是最合情合理的選項，可是教會裡大部分的員工禮拜一都是要上班的，還有我其他那些不在教會工作的朋友也是如此，禮拜一大家都是辛辛苦苦地在工作。於是，我開始對於自己那天居然坐在家裡，什麼事都沒做而感到罪咎，即便我明明前一個週末才工作到我整個人快被榨乾了。

由於我認識的每個人，禮拜一都在上班，因此我開始覺得，自己也

應該做點什麼才是。因此除了出於宗教的義務之外，還加上了許多的驕傲，後來我也認定了，要是我那天沒有什麼生產力，那就是我的不對。

　　最一開始，都是做些微不足道的小事，可能就是一天很快地看一下電子郵件，一次或兩次。「我就是得要確保，沒有什麼當務之急的事，需要我立刻處理。」我會這麼去合理化。不過很快地，我也發現看完以後如果沒有回信，我會渾身不對勁，然後我就開始會回覆其中幾封信，漸漸地，越回越多，直到大部分的信都回完了為止。可想而知的是，我即便休假也還是會回信的這件事，無疑就是在鼓勵身邊每一個人，隨時都可以在我休假的那天寄信，或是傳簡訊給我。很快地，我的休假日就排了許多工作相關的午餐或早餐會，接著，可能又都被推掉，因為辦公室臨時突然有個重要會議非得出席不可；情況就這樣越來越一發不可收拾。

> 「我就是得要確保，沒有什麼當務之急的事，需要我立刻處理。」我會這麼去合理化。

　　由於我對於守安息日沒有明確的界線和堅定的確信，再加上會對於無所事事感到罪咎，過去我實在太容易一個不小心，就把禮拜一變成另外一種形式的工作日。就算我其實也沒有特別做什麼，那種充滿罪疚感的心態仍是竊取了我內心的平靜安穩。我沒有信心覺得自己可以真正好

好休息，因為我並不相信那是理所當然的。

　　現在回頭看，我才清楚看見當時的我，如何讓工作把自己給扼殺掉了。當主把我比喻為一個沒有油可以分享出去的油罐車時，我其實正身處在那樣的狀態裡。

　　我記得我是這麼回覆祂的：「神啊，我知道我經常都用只裝了四分之一的油桶在服事人，我也很常感覺到自己從四分之一掉到幾乎快要空了的狀態。但是每次只要花時間與祢相處，我的油箱總是能夠再回到四分之一滿，只是接下來又會開始一點一滴地慢慢耗盡。主啊，祢知道我在什麼時候會陷入無法思考的地步，因為我真的體力不支到無法繼續這樣下去了。就算我人有在場好了，但我無論在情緒或是精神上，根本就沒有餘力可以再去幫助別人了。」

　　主出於慈愛，讓我注意到這個情況，就在我精確地診斷完之後，我提出了一個我自認為應該是神眼中的理想狀態：「神，我知道祢是希望我在服事別人的時候，油箱應該要一直處於至少有四分之三到全滿的狀態。」講歸講，但我其實根本不曉得要怎麼辦到，可是我很確信那一定就是我該努力達成的目標。

　　可是我卻聽見主這麼回答，祂說：「答錯了。」

　　「主，祢說什麼？」

　　「我沒有要你在服事別人的時候，油箱是處在『幾乎快要』全滿的狀態，而是應該要是『不斷滿溢出來』。孩子，你的福杯應該要一直滿溢才對，那才是我希望你擁有的。」

　　聽見天父這麼說讓我想起了詩篇第二十三篇：

在我敵人面前，祢為我擺設筵席；祢用油膏了我的頭，使
我的福杯滿溢。[1]

神戲劇性地翻轉了我的思維模式，祂不希望我在一邊努力回應永
無止境的需要，同時還要一邊糾結於到底該怎麼讓自己的油箱可以是滿
的。祂其實是渴望我可以真正地好好休息和被更新，這樣我的油箱才有
可能在各樣的景況下，都還是可以很自然而然地滿溢出來。同樣地，祂
也渴望你有這樣的經歷。這就是守安息日的神蹟，只要每週有一天分別
為聖，去重新充電和再次與神連結，就是能夠持續活在湧流滿溢這個模
式底下的關鍵。

你的四大量表

請各位要了解，不是只有牧師才會不斷地去為別人「加油」，不論
你從事什麼樣的工作，也一定不免得這麼做。你會需要有足夠的精力才
能去與家人、工作上的同事、朋友，還有其他所會遇見的人分享，或許
有不少人，以不同的方式都在仰賴著你。身為一名基督徒，你的裡面承
載著從神而來的光和生命。但要是連你都自顧不暇了，大概就無法有效
地把那個光和生命傳遞出去。

當我更多地用一輛油罐車在思想時，我就越發現用這個比喻來形
容基督徒，實在是太貼切了。畢竟油罐車不能一直在外頭無止境地繞來
繞去，而是必須固定回到儲油站加油。假設我是那輛油罐車的話，我也

必須要把自己的油罐加滿才行。我必須固定回到儲油站，這樣才能夠繼續去把別人的油箱裝滿，如果連我自己都沒有了，又怎麼能夠給得出去呢？當我在思想著那個真理時，主又再次直接對我說話：「羅伯特，不知道為什麼，每次當你回到儲油站重新加滿油的時候，你會把那段時間認定為是『坐在那裡無所事事』。你會因為自己不過是稍微休息一下就感到愧疚不已，但如果你想要可以一直有能力去支持他人，休息是絕對必要的呀。」

　　的確是如此沒錯，在主話語的光照之下，我才發現自己原先的想法是多麼地可笑。最後，我竟因著罪咎感和同儕壓力，漸漸地，再也沒有在「儲油站」停下腳步過，不斷地在不同的加油站之間穿梭，一直在為別人的油桶加油。這也難怪我後來根本就是在空轉！在人生這條道路上，我這輛車不僅沿路一直都發出嘰嘰嘎嘎的怪聲，還一路朝著整組壞光光的方向直奔。

　　從那之後，我便對於神創造我們要如何在祂的裡面運行，有了更多的學習，也發現要是我們不花時間讓自己恢復精神和補充能量的話，生活中有四個領域的量表就會呈現一路下滑。如果把這四個量表想成像是水庫或是油桶一樣，將有助於各位理解，因為水庫或油桶就是得要不斷地裝填，才有可能會滿溢出來。你和我都有靈命、身體、情緒和精神，這四個不同的儲存桶，我們必須經常為這四個桶子加油，如此一來，才能確保自己可以源源不絕地再去分享給他人。如何能做到這點呢？就是要照著神所設計的方式，確實地好好休息。

我已經描述過我自己怎麼在那五年的時間裡，一直都忽略了神早已定好可以為自己加油的明智方法，而且還不斷地嘗試要去為別人加油，還好最後祂總算讓我注意到這點。我和黛比師母在 Gateway 教會剛開始的那五年裡，就是一次又一次地把自己逼到了絕境。在你剛建立了一間新的教會時，你就是得要每天用各式各樣不同的方式，去服事形形色色的一大群人。而我們就是義無反顧地不斷衝、衝、衝，有時候那個「衝」也包含了好幾趟的出國短宣服事，我們真的是遠渡重洋，只為了服事身處在世界另一端的人們。令人心碎的需要和傷心欲絕的悲劇，經常在我們眼前上演，我們不遺餘力地傾倒自己，盡可能地希望能夠幫助到他人，殊不知自己早已處在苟延殘喘的狀態裡。

我們的四個水庫的量表都已經見底了，即便如此，我還是沒有把用光的部分給補回來，黛比同樣也沒有去補。我要問的是：「那你補滿了嗎？」

記得我曾接過一個朋友的電話，一開始聽起來實在很不合理。電話那一頭的聲音是這麼說的：「羅伯特，我都過得滿好的。真的，所有的事情都很棒，可是我感覺自己正在被攻擊。」

記得我當時聽完以後不禁在想，剛剛他講話怎麼有點牛頭不對馬嘴？怎麼會一切都很棒，但卻又覺得自己受到攻擊啊？可是我越聽下

去，就發現我朋友的經歷其實還挺常見的，我過去沒有好好守安息日時，就發現自己也是如此。根據經驗，我曉得真的有可能從外表客觀地來看一切都很成功，可是內心卻感到腹背受敵、焦慮萬分、不管怎麼做都不對，也覺得很悲傷。

在他講完之後，我就與他分享在我看來，這個問題的解決之道就是——四個量表的這個啟示。我告訴他，要是沒有讓自己好好花時間休息，這四個領域沒有重新充飽電和恢復體力的話，肯定就會把自己給累垮了。另外我也告訴他，身為基督徒的我們，很容易只專注在屬靈的這一塊，我們常想：「只要再多禱告一下，就可以撐得過去了。」我們會以為，只要每天早上有靈修，一切就會順順利利的。沒錯，靈修確實對我們很有益處，可是還有另外三個油桶也必須要被重新加滿油才行啊——就是身體、情緒和精神的這三個桶子。

在那通電話上，我診斷出了他的問題到底在哪兒。因此在掛電話前，我也開給他一個處方。我說：「等一下掛完這通電話，請花點時間禱告、小睡片刻，然後跟你的家人一起看部有趣的電影吧。」他承諾一定會照著我說的去做。他後來傳簡訊給我說：「我真不敢相信，我整個人感覺好超多的！」

我其實也不過就是建議他去做一些可以把四個油桶都加滿油的事，這些對各位來說也同樣適用，只是你需要找到一件會讓自己感覺有被充電的事。下次如果你又感覺到沮喪，或是好像受到了攻擊，就請花點時間把四個油桶都加滿吧。你一定會很訝異，這麼做的感覺居然如此美好。接下來，請容我分享我都做些什麼來把油加滿，也讓我們一起更多認識

這四個量表吧。

靈命量表

　　花時間禱告和讀神的話語，是使靈命這項量表回升的最佳辦法，不過很不幸，有許多基督徒都把這些事情視為是非做不可的例行公事，而不覺得自己何其有幸竟能藉此來得到滋養和被更新。我了解為什麼會這樣，如果你從小在教會長大，打從有記憶以來，就一直聽到你「應該」每天要靈修——在那段時間，我們可能也一天到晚被逼著吃很討厭的青菜、被叫去寫我們壓根不想寫的作業、就算我們一點都不覺得洗澡有必要，卻也還是非洗不可。

　　換句話說，就算我們很不想承認「應該」確實對我們有益，卻也還是像被制約了似地，將其視為是件惱人的事。許多基督徒一想到要花時間與神相處，或是讀祂的話語，就會自動把它們歸為那一類，這真是太令人感傷了。事實上，就拿守安息的這件事來說吧，其實安息本身對神來說沒有任何益處，我們也不會因為有守安息而得到乖寶寶點數，那純粹是為了「我們自己」可以享受在其中和藉此獲益。

> 花時間與神獨處和在神裡面安靜的受惠
> 者並不是神，而是我們自己呀。

查爾斯・史坦利（Charles Stanley）寫道：「我們可能會感到疲倦、困頓、心情七上八下，但只要花時間與神獨處，就會發現祂在我們的身體裡注入了精力、大能和力量。」[2] 他講得一點都不錯，事實上，花時間與神獨處和在神裡面安靜的受惠者並不是神，而是我們自己呀——而且是份你和我都亟需的祝福。神的話講得很清楚，我們每天都在對抗一個真實存在的仇敵，這是為什麼使徒保羅在鼓勵完我們要「在主裡剛強」（換言之，就是要確保自己靈命的指標一直都在滿位）之後，接著就警告我們每天在靈裡都會遇到的衝突：

> 我還有末了的話：你們要靠著主，倚賴祂的大能大力作剛
> 強的人。要穿戴神所賜的全副軍裝，就能抵擋魔鬼的詭計。
> 因我們並不是與屬血氣的爭戰（原文作摔跤；下同），乃
> 是與那些執政的、掌權的、管轄這幽暗世界的，以及天空
> 屬靈氣的惡魔爭戰。[3]

保羅這段講到要穿上「全副屬靈軍裝」的經文，大家想必不陌生，由此可見，保羅肯定是了解了一些我們大部分的人都沒有搞懂的事，也就是我們其實每天都在與看不見的敵人爭戰。牠們並不是「屬血氣的」，而是「屬靈氣的惡魔」，我指出這點的用意不是要嚇唬各位，因為在你裡面的比在那世界上的還要更大。[4] 不過，如果你的靈命量表長久以來，都是空空如也，那你很容易就會遭受攻擊。我謹在此用保羅規勸他年輕徒弟的方式來規勸各位：「所以提摩太，我兒啊，你應當在基督耶穌的

恩典裡**剛強起來**。⁵」我鼓勵你要在靈裡「剛強起來」，我也為每一位親愛的讀者禱告，就好像保羅為以弗所教會的弟兄姊妹們禱告一樣，求神：

> ……按著祂豐盛的榮耀，藉著祂的靈，叫你們心裡的力量剛強起來。⁶

容我再換個方式來說明，請確保你的屬靈量表可以不斷地滿溢出來！不過也請記得，除了這個量表之外，你還需要注意另外三個量表。

身體量表

我們現今所處的文化非常在意身材是否夠苗條，但卻也是有史以來，最不苗條的一個世代。我們基本上一天到晚都被鼓勵和淹沒在一堆教導人該如何吃好和多運動的資訊當中，可是大部分的人卻沒有一樣做到。也請不要誤會我的意思，若是討論到該如何照顧好自己的身體，所會著重的兩大主軸確實就是飲食與運動。然而，還有顧好身體健康的第三個要素，這點很常被遺漏：休息。基本上，除了休息之外，沒有其他任何辦法可以使你的身體量表恢復。

> 基本上，除了休息之外，沒有其他任何辦法可以使你的身體量表恢復。

桑德拉‧道爾頓‧史密斯醫生（Saundra Dalton-Smith）在她的著作《神聖的安息》（暫譯，原文書名：Sacred Rest）一書中形容，一旦「身體缺乏安息」時會有哪些警示：

‧沒有足夠精力去完成那些需要體力的待辦事項。

‧明明感覺很累，但卻難以入睡。

‧免疫系統很弱，經常生病

‧經常感覺到肌肉痠痛。

‧必須藉由外在物質（咖啡因、能量棒、糖分）來補充精力。

‧不得不靠外在物質（酒精、安眠藥、垃圾食物）來讓自己休息。[7]

　　以上哪一點聽起來似曾相識呢？近年來，有極多的研究數據指出，睡眠品質對於整體健康而言十分重要。目前發現若是長時間睡得不好，會導致體重增加、憂鬱、無法集中精神、生產力降低、運動量減少，提高心臟病、中風和罹患第二型糖尿病的風險、免疫力降低、身體發炎指數提高和其他隨之而來的恐怖後果，就連人際關係都不免受到影響。[8]除了這些之外，睡不好真的也沒什麼其他好擔心的啦！

　　很明顯地，藉由睡眠來達到休息非常重要，然而，從事其他的活動也會有助於恢復體力，而不會讓你越做越累。只不過每個人所適合的活動可能都不一樣，對某些人來說，可能是去散個步，但也有些人則是喜歡從事園藝工作（絕對不會是我！）。正如道爾頓‧史密斯醫師所建議的：

請努力找出什麼事會讓你重新得力，透過從事不同種類的動態休閒活動，看看哪一項會讓自己覺得有好好休息到、也會讓你更加感到平靜安穩和健康。你怎麼對待自己的身體，和你會去從事哪些活動，這兩者之間必須維持一個良好的平衡，我們不能因為有人看重自己身體的需要，就把它當成是個軟弱的象徵，實在不能再繼續這樣下去了。請好好重新思考，你是怎麼看待要好好照顧身體的這件事呢？[9]

「我真的沒有時間休息啊，」你可能會這麼說。確實，在我們當中，有些人就算有時間好了，也還是可能會有難以入睡的毛病。如果你也有這個困擾，我想鼓勵你去為自己所遇到的這個情況禱告，全然地交託給主，並且請祂幫助你找到可以好好休息一下的方式。

情緒量表

在維基百科裡面有一個詞彙叫做「情緒枯竭」（emotional exhaustion），光是這點，大概就足以說明我們現今所處的世代。這也指出我們每個人確實都有一個情緒量表，而且情緒是有可能用光的，一旦情緒耗盡，人就會感到麻木，並且很容易被激怒，或是無法再去面對高壓的情況。此外，也會發現很難或甚至對任何事情都提不起勁，可能即便是過去喜歡做的事都難以倖免，就連重要的任務恐怕也難以專注。

最主要可以提升個人情緒量表的，就是聖經裡面所說的「喜樂」，

這也難怪詩篇二十八篇 7 節會說「主的喜樂是我的力量」，C. S. 路易斯很有名的一句話是這麼說的：喜樂是「天堂很認真看待的一件要事」。我們當中有太多的人讓自己的內心總是充滿緊張、時間壓力、擔憂、想要討好人等的事物，到一個地步，是喜樂無處可容。二十世紀初期有位非常有名的佈道家比理 · 桑岱（Billy Sunday）曾經這麼說：「要是你感覺不到喜樂，那麼你的基督徒生命大概哪裡有破口。」那個破口就是在你情緒的這個桶子上，或者換個方式說，你沒有去做任何有助於為情緒充電的休閒活動。對我個人而言，與我所愛的人花時間相處，就能夠讓我的情緒被照顧到。

> 最主要可以提升個人情緒量表的，就是聖經裡面所說的「喜樂」。

最近我們全家——包含我的兒女和兒孫女們——一起去當地百貨裡的一個海生館。所有的兒孫女們都看到了魚和鯊魚，之後我們又一起去吃飯。那天，我們所有人都玩得非常開心，而我回到家後有種煥然一新、精力充沛的感覺。過去這些年來，我發現花時間與家人和朋友們在一起，能夠幫助我一掃情緒上的陰霾，找到什麼對你有用是非常重要的。

精神量表

如果你經常忘東忘西、容易分心、不專注、拖延成性、容易有意外或是很常出錯，你大概很常會用「喔，我只是腦袋裡在想太多事情了。」來作為藉口吧。不過，當你這麼說的時候，就表示你其實一直都讓自己精神量表的這個油箱在「空」轉。

神創造人的時候，賦予了人心一個極大的能耐。只要夠健康，我們的大腦可以處理極為龐大的資訊量、綜合起來、得出結論，而且還能記住。牧靈諮商有使用一本在歐洲出版的教科書，它開宗明義把第一章取名為：〈人類大腦的神蹟〉，其內容是這麼寫的：

> 人類的大腦可以說是受造物當中最為奇妙的創造，這個小小的器官也不過才 1,500 公克重，可是大腦的神經細胞數量卻超過地球人口總數，甚至有超過 100 億之多，基本上，這個數字已經超乎我們所能想像的範圍了。每一個神經細胞又透過上百個分枝與其他細胞連結，而這些細胞元在交換資訊的速度，快到比一座繁忙首都市中心的電話網路速度還要迅速；光是一個大腦裡的「傳訊接點」，已經比一座銀河裡的星星數量都還要多了，有超過 1,000,000,000,000 耶！沒有任何一台電腦或是電話，可以像人類大腦一樣，在一個這麼狹小的空間裡，卻能夠儲存和交換如此龐大的資訊量。[10]

資訊管理和處理的神蹟，其實一直不斷地發生在你的雙耳之間，不過，就好像你靈魂體的任何一部分一樣，唯有當它被妥善照顧、處在健康的狀態，才能夠按著神的心意正常運作。腦袋或是精神要能健康，休息和休閒活動是主要的關鍵。

> 腦袋或是精神要能健康，休息和休閒活動是主要的關鍵。

　　你可能會很驚訝，原來，不是我所讀的每一本書都是屬靈書籍，或是講神學、牧養或領導學。但以前的我不是這樣的，就好像以前禮拜一別人都在上班而我卻沒有在工作，老是會不自覺地有股罪咎感一樣，如果我花時間去讀與傳道人的呼召與職責不相干的書籍時，我也會感到很愧疚。後來我才知道，如果我放假在家還一直在讀與工作有關的內容，基本上，那就是在工作，而沒有在好好休息。我的腦袋瓜裡一直在轉的，就是在想，要怎麼把自己所讀到的東西運用在工作的情況和環境裡。換句話說，我根本一直在消耗我的精神量表，而非補滿它。

　　幸好現在的我已經不會再這樣了，特別在我休安息日的時候，我會去讀那些我有興趣的讀物——就是與我平常工作一點關係都沒有、也沒有直接影響的讀物，像是我喜歡歷史——尤其是美國西部的歷史。比方說，我記得我很享受讀一本美國印地安卡曼奇族很了不起的酋長夸納‧帕克（Quanah Parker）的自傳，整個閱讀過程都令我難以忘懷，但最

後，我真的是感覺到自己在心智上彷彿活了過來、精神抖擻。我會去讀那本書純粹是出於興趣，而不是因為那本書的內容與我的工作有關。

另外談到有趣的電影，我也從宗教綑綁中得著完全的釋放。我承認自己很喜歡看會讓我哈哈大笑的電影，因為那可以為我的精神量表充電，當然，如果有不恰當的內容，而且不恰當到看了我的良心會過不去的話，那我就不會看。不過，還是有很多很好笑的電影，是我可以與我的太太和孩子們一起觀賞的。另外，我也慶幸通常在飛機上播放的版本，大都是已經把不適合闔家觀賞的鏡頭或言語的部分給剪掉了。

我有找出哪些東西可以幫助我充電，你也必須這麼做。我唯一確定的一件事是：你也有一個精神量表的油箱，油箱必須要經常加滿油才行。這也就帶出了下面這個問題：你怎麼知道什麼時候要加油？

定期檢視油表

這年頭，大家不太會把車開到沒有油，至少不像當年剛拿到駕照年少輕狂的我，那時候好像不光是我，有些我認識的人也是，經常把車開到沒油。當年沒有手機可以用，這表示一旦發生這種事，要不是冀望某個熟人可以剛好開車經過，不然，就是得要一路推車到最近的公用電話亭，或是有家用電話的地方（有些特定年齡以下的讀者，可能還要上網查一下，才會知道什麼叫做「公用電話」）。

為什麼那個時候車子這麼容易會開到沒油呢？其中一個原因是 70 年代在德州東部的小鎮上，並不像我們現在的市區，幾乎每兩百公尺就

有一個加油站。以前的人也很少隨身攜帶簽帳卡，大部分都是用現金，所以如果身上沒現金，你就不會停下來加油。不過，我想這些日子以來，之所以很少看到有人車子拋錨在路邊是因為沒油了，大概都要感謝另外一個科技上的進步。

實在是因為儀表板上的油表做得越來越精細和準確了，以前儀表板上的油表就用小小的幾格標示，分別告訴你剩四分之三、一半和四分之一桶油，以及到底了就會顯示 E，表示油箱空了。但是大家都曉得 E 也還不是真的完全一滴都不剩，當指針指向 E 的時候，你知道油箱其實還有油，只是問題是你不知道「還剩多少」。以前大概就只能用猜的，但現在不一樣了，後來車子開始有「油量不足」顯示燈，只要那個燈一亮，就表示車子真的快要沒油了，現在油表甚至還會告訴我們，剩下的油還可以再跑多少公里數。這幾年，有些製造商甚至還把油表設計到，如果你的車油不夠了，你的車會用盡各樣方式來刺激和煩你。換句話說，現代人很少遇到車子沒油的狀況，因為我們的車能夠更精確地檢視油表的實際狀況。

回到你的四個量表，如果有任何一個領域的數值已經過低的時候，你的額頭上不會有一個「油量不足」的燈號亮起來。你唯一能靠的，就是要看你是否願意好好地檢視自己，當然，是與在你裡面的聖靈一起，耶穌會稱祂為「幫助者」不是沒原因的。只要你願意打開屬靈的耳朵，仔細聆聽祂的聲音，祂肯定會讓你知道。只是如果你靈命的量表太低，那麼你屬靈的聽力恐怕就不會太敏銳了。

這也是為什麼守安息日如此地重要，因為那是能夠不斷重新得力和

持續滿溢出來的關鍵。同樣地，找出怎麼做可以讓你生活中的那四個領域的油都被加滿也是很重要的，因為這樣你才會知道，到底在安息日那天什麼能做（或是什麼不該做）。什麼可以幫助你在靈命、精神、身體和情緒上，有被充電的感覺？可能那些事情大都不一定看起來很屬靈或是很「神聖」，那也無所謂。只要你沒有違背聖經原則或犯罪，重點是要能讓自己充飽電！還記得保羅怎麼鼓勵我們要倚靠「那厚賜百物給我們享受的神」。[11]

什麼可以幫助你在靈命、精神、身體和情緒上，有被充電的感覺？

　　想讀那本科技驚悚的書，就去讀吧、去看那部蠢到不行的電影、讓你的釣竿有機會下水、把那幅拼圖給拼完、跟那些能夠讓你的魂得飽足和溫暖你心的朋友們一起聚聚吧、去吃吃看那間新開幕的異國餐廳、坐在後院放空一下；只要能夠讓你有被充電的感覺和有重新得力，這些就都是很「屬靈」的事。

　　請容我提醒你，守安息日不是你必須做的一件宗教化的例行公事，好讓神不會生你的氣。那是神希望你能夠送給自己的一份禮物，好讓你能夠成為一個健康、生產力高又長壽的人，好在這個破碎的世界裡代表祂，並完成所有祂要你在這地上完成的一切。讓我們更進一步地來探索這份禮物吧！

注　釋

1. 詩篇二十三篇 5 節

2. 《耶和華如此說：聆聽神聲音的原則》（How to Listen to God），查爾斯 · 史坦利著（橄欖出版，1989 年）；原文第 58 頁。

3. 以弗所書六章 10 ～ 12 節

4. 約翰壹書四章 4 節

5. 提摩太後書二章 1 節（新譯本）

6. 以弗所書三章 16 節

7. 《神聖的安息》（暫譯，原文書名：Sacred Rest），桑德拉 · 道爾頓 · 史密斯著（New York: FaithWords, 2017）；原文書第 41 頁。

8. 《十個該好好睡覺的理由》（10 Reasons Why Good Sleep Is Important），喬 · 里奇（Joe Leech）著，2018 年於 Healthline 刊載；連結：https://www.healthline.com/nutrition/10-reasons-why-good-sleep-is-important（2022 年 5 月 10 日有效）。

9. 《神聖的安息》，道爾頓 · 史密斯著；原文書第 40 頁。

10. 《成為弱者的支持者：基督教諮商和現代精神病學》（暫譯，原文書名：Supporting the Weak: Christian Counselling and Contemporary Psychiatry），山姆 · 菲佛（Samuel Pfeifer）著（Carlisle: Send The Light, 1994）；原文書第 26 頁。

11. 提摩太前書六章 17 節

第 4 章

安息日是為你而設

安息日是為人設立的，人並不是為安息日設立的。

—— 耶穌（馬可福音二章 27 節）

若是有人曾在家中進行廚房改建，大概就會曉得那實在是房屋翻修最花錢也最複雜的工作。不過，假如是猶太人家中想要弄個現代化的廚房，又想要嚴守猶太飲食律法的話（即符合猶太教教規，kosher），他們眼前的任務恐怕更加令人卻步。

　　大部分的人講到符合猶太教教規的飲食，大概都會想到不能吃豬肉。不過，要讓自己的廚房可以符合猶太教教規，最主要的其實是在於精準分開乳製品與肉製品，不僅如此，任何碰過肉的東西，都不能接觸到碰過乳製品的東西。因此像是湯鍋、平底鍋、攪拌盆、廚房用具等都必須要有兩套，而且還得要分開放在廚房的兩邊，絕對不能混著使用，這可能意味著洗碗機也必須要有兩台才行。就算這些器具和儲放空間都預備好了，還必須嚴謹的規劃、排程、順序和預備食材的過程，包含一餐中不能同時擺上肉與乳製品，如此一來，才能確保食物確實符合教規。

　　你有想過這些複雜的猶太飲食律法，到底出自於舊約的哪裡呢？究竟是哪裡記載著：「汝不得取用起司漢堡？」或是在哪裡有寫：「如果碗裡裝過烤肉，就不可再去裝傑克起司（Monterey Jack）」呢？這題的答案出於出埃及記二十三章 19 節，神說：

　　不可用山羊羔母的奶煮山羊羔。

　　這條命令不過就十三個字，但在出埃及記三十四章 26 節，和申命記十四章 21 節，又一字不差地重複了兩次。在猶太飲食律法中，一切講到肉與乳製品的規定，都是從這個簡短但明確的指示延伸出來的。基

本上神是在說：「不要用母山羊的奶，來烹煮牠所生的山羊羔。」神沒有解釋「為什麼」不要他們這麼做，我們只能推測，很可能當時的亞捫人和摩押人在祭拜自己的偶像時，就是用這樣的方式獻祭；或許耶和華看見以色列人也想要效仿外邦人的方式。事實上，當神指示他們當如何把祭物帶到會幕時，也可以看見這樣的證據。因為神在利未記第十七章中這樣對摩西說：

> 這是為要使以色列人把他們在田野裡所獻的祭帶到會幕門口、耶和華面前⋯⋯他們不可再獻祭給他們行邪淫所隨從的鬼魔（原文作公山羊）⋯⋯[1]

神在這裡特別指出，以色列人當中有些支派隨從了某種屬魔鬼、以拜山羊為主的邪教，此刻的他們都還沒進入應許之地呢！當他們行「邪淫」隨從這些鬼魔時，是否就會用一些奇怪的儀式，比方說用山羊羔母的奶來煮山羊羔呢？如果是的話，就不難理解為什麼耶和華要三次重申這個禁令，不許百姓做這麼奇怪的事。

不論原因如何，但我們知道過去幾千年下來，以色列人就是從這節短短的經文延伸、擴展和推演出種種的禁令，包含不光是山羊肉，而是「所有」的肉品；不僅於不能用生了那隻山羊羔的母奶，而是「所有」的乳製品都不可以用；除了不能煮之外，也不能用其他的烹調方式。到今日，不但不能把肉跟奶放在一起煮，連在同一餐裡要吃肉又喝奶也不行。此外，除了不能一起烹煮、食用之外，連稍微碰到一下都不行。

怎麼會變成這樣呢？

這個問題我可以用兩個字來回答：宗教。也是這股衝動，讓亞當和夏娃編織無花果樹葉來遮掩他們的羞愧；還驅使巴別地的百姓蓋一座通天的高塔。不知道為什麼，人心在墮落之後，總是會想在神給我們的簡單指示上，加油添醋一番。也就是這股衝勁，使得以色列民把神透過摩西所頒布的律法，無限上綱、延伸下去。

> 不知道為什麼，人心在墮落之後，總是會想在神給我們的簡單指示上，加油添醋一番。

有人曾經計算在出埃及記、利未記、民數記和申命記中，到底記載了幾條律法與條例，結果總數為六百一十三條。你可能認為要遵守六百一十三條命令就已經很挑戰了，沒想到幾千年下來，以色列的宗教領袖居然還有本事，把大部分的律法再作衍生。等到一千五百多年後耶穌來到這世上時，法利賽人（不實地）聲稱自己謹守拉比口耳相傳的教訓（稱為米示拿，*Mishnah*）在過生活。有次耶穌直接引用以賽亞書的內容，斥責他們不該這樣延伸律法：

> 這就是你們藉著遺傳，廢了神的誡命。假冒為善的人哪，
> 以賽亞指著你們說的預言是不錯的。他說：這百姓用嘴唇
> 尊敬我，心卻遠離我；他們將人的吩咐當作道理教導人，

所以拜我也是枉然。²

又有另外一次，耶穌責罵這些律法專家，指說他們雖然嚴格規勸人，要遵守這些他們捏造出來的規定，但是他們自己卻不願意遵守：

耶穌說：「你們律法師也有禍了！因為你們把難擔的擔子放在人身上，自己一個指頭卻不肯動。³」

同樣，當神命令人要守安息日時，也發生了類似的狀況。神一開始就是簡明扼要地吩咐人在第七天要休息一天，但這幾千年來又添加了許多限制與難題。如果你讀四福音書，就會發現耶穌動不動就會激怒當時的宗教領袖，只因為祂拒絕聽從過去這幾千年來額外加上的規定。耶穌看得出來，原本神的心意是要賜下祝福，卻被他們變成了沉重的負擔。

> 耶穌看得出來，原本神的心意是要賜下祝福，卻被他們變成了沉重的負擔。

馬克・布侃南牧師在他的著作《享受安息》一書中寫道，究竟什麼會攔阻我們得著守安息日所能帶來的大能，其實就是有一道阻礙和一個陷阱；那個阻礙是忙碌，陷阱則是律法主義。他是這麼寫的：

長久以來，律法主義就像條看門狗般追逐著安息日，把

它搞得憔悴又不安。那絕對是耶穌在加利利地區所遇到的景況：無論走到哪個城鎮，永遠不乏有那些死守規矩的人。他們仔細研究與安息日有關的繁文縟節，又細細查看耶穌的一舉一動，祂所違背的部分，要是換成別人早就被鞭打到鼻青臉腫。他們甚至搞得像在競賽一樣，一直想方設法要陷害耶穌，好讓祂做出他們自認是違背了安息日原則的怪異之舉。一般而言，耶穌都會答應他們的請求，殊不知祂早已看透了他們的把戲。[4]

前面已經帶大家檢視過了忙碌這個阻礙，現在我們應該要來處理好另外這個陷阱，好叫我們能夠正確理解，如何在生活中好好領受和享受安息日這份禮物。

是生命，而非律法

耶穌初期時常在加利利海四圍的城鎮與村莊往來傳道一祂從小到大所住的地方。當然祂在家鄉拿撒勒也會傳講神的道，只不過大家都聽不進去這些道理。在這些地方，很少有人預備好自己的心來領受神的話。

就在這趟在加利利一帶講道和行神蹟的旅程即將邁入尾聲時，我們看到在馬太福音第十一章記載著一個值得反思的時刻。在那裡，耶穌劈頭就說，有好幾個祂去過的城市有「禍」了，就像是舊約的先知一樣，祂預言了迦百農、哥拉汛和伯賽大，並警告如果再繼續心硬下去，審判

的日子必速速來到。但下一個瞬間，耶穌的語氣就轉為溫和的訴求，難不成是因為受到宗教傳統的綑綁，這些城市裡的百姓才會聽不進去耶穌的道嗎？還是因為宗教領袖強壓在百姓的律法枷鎖太過沉重，所以就算看到耶穌彰顯的神蹟與榮耀，卻還是無法回應呢？我相信是這樣沒錯，因為耶穌接下來是這麼說的：

> 凡勞苦擔重擔的人可以到我這裡來，我就使你們得安息。
> 我心裡柔和謙卑，你們當負我的軛，學我的樣式；這樣，
> 你們心裡就必得享安息。因為我的軛是容易的，我的擔子
> 是輕省的。[5]

前一刻耶穌才宣告那些加利利的城市有禍了，可是下一秒鐘祂卻是在勸說那些聽道者，要放下律法主義的重擔，負起輕省和容易的軛。「到我這裡來」祂這麼邀請：「我必使你們得安息。」

> 要放下律法主義的重擔，負起輕省和容易的軛。

要安息！馬太福音接下來的幾個故事，都圍繞著耶穌與安息日打轉——安息日就是神設計要讓祂的百姓休息用的，我相信這絕對不是巧合。馬太福音第十二章一開頭，是耶穌與門徒們在安息日從麥田旁經過。很明顯，這群人肚子餓了，就掐起麥穗來吃。而那些自詡為律法警察的

法利賽人，很顯然從大老遠就緊盯著這些人，因為他們馬上就跑來把耶穌拉到一旁，想要讓祂知道門徒們做了什麼好事：

> 法利賽人看見，就對耶穌說：「看哪，祢的門徒做安息日不可做的事了！」[6]

耶穌提出了舊約的一個事件，故事中的主角不是別人正是大衛：

> 耶穌對他們說：「經上記著大衛和跟從他的人飢餓之時所做的事，你們沒有念過嗎？他怎麼進了神的殿，吃了陳設餅，這餅不是他和跟從他的人可以吃得，惟獨祭司才可以吃。再者，律法上所記的，當安息日，祭司在殿裡犯了安息日還是沒有罪，你們沒有念過嗎？」[7]

光是這些例子，大概就足以讓這些法利賽人氣得半死，因為這些例子都意味著耶穌——這個來自一個名不見經傳小地方的木匠——竟然敢拿自己與偉大的大衛王相比。沒想到耶穌也不是省油的燈，繼續在宗教的題目上惹火他們：

> 但我告訴你們，在這裡有一人比殿更大。「我喜愛憐恤，不喜愛祭祀。」你們若明白這話的意思，就不將無罪的當作有罪的了。因為人子是安息日的主。[8]

耶穌在這裡，向法利賽人顯明出祂一直費盡心思瞞住他人的事：**祂就是彌賽亞**。對這些熟讀律法與先知書的專家們來說，講到「有一人比殿更大」、「安息日的主」，這兩個說法就是再明顯不過的宣示了。耶穌在此直言，祂就是耶和華的百姓長久以來等候的那位救主。想都不用想，他們完全不相信祂，聽到這個說法，這些人立刻就怒氣衝天。

馬可福音也記載了同樣的事件，他還多寫下一句耶穌對這群法利賽人說的話，就在祂宣稱自己是「安息日的主」之前，耶穌說：

> 安息日是為人設立的，人不是為安息日設立的。[9]

單靠這麼簡單的一句話，耶穌點明了律法主義和宗教心態的致命缺點。光是這幾個字，就說明了過去好幾個世紀以來，這些猶太拉比和律法師們到底錯在哪裡，不知道從什麼時候開始，他們把神對於守安息日的心意完全顛倒過來了。

他們開始要求神的百姓要服事安息日，而不是鼓勵百姓要讓安息日來幫助他們。

你不是為了安息日而造，安息日是為了你而設，它是要來祝福你的。神造人並不是要他們在這地上來守祂的安息日，祂是為了祝福祂所愛的人才設立了安息日。耶穌這句話聽在法利賽人的耳裡，實在是個太爆炸性的宣告，同時也大大觸怒了他們。不過這個話題還沒結束，馬太記載了耶穌接下來又到一間猶太會堂，在那裡，法利賽人又設了一個局，想要測試耶穌到底會違背安息日的規矩（被扭曲理解的規矩）到什麼程度。

你不是為了安息日而造，安息日是為了你而設的。

耶穌離開那地方，進了一個會堂。那裡有一個人枯乾了一隻手。有人問耶穌說：「安息日治病可以不可以？」意思是要控告祂。

耶穌說：「你們中間誰有一隻羊，當安息日掉在坑裡，不把牠抓住，拉上來呢？人比羊何等貴重呢！所以，在安息日做善事是可以的。」於是對那人說：「伸出手來！」他把手一伸，手就復了原，和那隻手一樣。[10]

從這裡看得出來，律法主義所重視的與神所看重的，是相互衝突。律法主義喜愛制度，但神所愛的是人。

律法主義喜愛制度，但神所愛的是人。

法利賽人如何回應這個憐憫人的舉動呢？他們有跟這個人和他的家人們一起歡喜慶祝嗎？還是看見神的大能證明了耶穌所言不假之後，立刻悔改並且調整了自己的思維模式呢？呃，好像不是這樣子發展：

法利賽人出去，同希律一黨的人商議怎樣可以除滅耶穌。[11]

上面這句話裡有一個值得注意之處，但若是我們不了解耶穌時代的政治文化背景，大概很容易就忽略了。那就是法利賽人與希律黨人根本互相看不順眼，他們當時是不共戴天的敵人。希律黨人被認為是猶太人中的走狗，他們在猶大和加利利一帶是屬於社會的菁英份子，但是卻自願放下宗教上的信念，只為能在侵佔他們的羅馬帝國中佔有地位、享有特權，這些人為了融入而選擇配合。對於這群堅守律法的法利賽人來說，希律黨人的作為，無疑是背叛了亞伯拉罕、摩西還有大衛。可見法利賽人對耶穌有多感冒，更不用說祂居然不信守安息日（第四條誡命），以致他們居然願意跟自己最瞧不起的敵人合作，並籌劃要害死耶穌，就算因此犯了第六條誡命（不可殺人）也在所不惜！

但耶穌明白他們還沒有搞懂的事，安息日從來都不是要人遵守一套死板、毫無彈性且複雜難懂的規矩，而是一個在等候人回應的邀約。

我首度造訪以色列時才發現，直到如今，以色列人還是嚴肅看待守安息日（Shabbat）這件事。第一次到那裡的時候，我們住在耶路撒冷某間飯店的高樓層，我們禮拜五晚上入住，準備要待好幾天。那天晚上我踏進電梯，按下了我房間的樓層按鈕後，卻發現……電梯一動也不動。我又按了一次，但還是一點動靜都沒有。我轉身告訴旅伴說：「這電梯壞了耶！」話才說完，我們就突然想起：「今天是禮拜五，而且太陽已經下山，要開始守安息日了。」原來，如果按照嚴格的安息日規定來說，按電梯按鈕都算是在「工作」。記得我當時忍不住想：「如果按個按鈕算是『工作』，那我爬八層樓梯就不叫『工作』嗎？」其實在以色列那些高樓層的大樓，安息日那天會有一台電梯每一個樓層都自動開門，這

樣人們就可以不會因為要按按鈕，而違反了守安息日的條例。

「聖經哪裡有寫不能按按鈕呢？」你可能會問。就好像把肉與起司隔開的猶太教規一樣，這同樣可以回溯到一條簡單易懂的命令。在出埃及記第三十五章，當神重申守安息日的規定時，祂說：「當安息日，不可在你們一切的住處生火。」幾個世紀下來，那條「不可在住處生火」的條例逐漸延伸為「不可以點燈」。後來隨著家庭用電的普及，這條規定就又轉變為「不准開燈」。直到今日，可上網的智慧型家電上市後，許多新型冰箱還會隨附安息日模式的選項，只要打開那個選項，安息日當天開冰箱的時候，冰箱內的燈就不會亮。沒錯，如果是安息日，只要燈亮了，哪怕不是你開的，也是不被允許的。因此如果家中是舊型的冰箱但仍想要照著規矩走，他們會在禮拜五下午拿下冰箱裡的燈泡，等到禮拜六晚上再裝回去。

你有開始看到，律法主義是如何綑綁安息日這個從神而來的禮物，讓它失去生命和祝福嗎？我講的也不只是那些謹守律法的猶太朋友或是鄰居，我有些基督徒朋友也是如此。我曾見過一些成熟的基督徒在某些好事上，自動變得越來越律法主義，可見每個人都有可能在不知不覺中落入宗教化。當我們遵照人所訂的規矩，獲取表面的注意，就失去發自內心遵守神的命令而得到的祝福。

當我們從心擁抱神的真理，那就不是律法，而是生命了！

你預備好發旺了嗎？

神從來都沒有要我們用律法主義的嚴苛眼光，去看待自己的休息日，神要我們守安息日，因為祂是一位滿有祝福的慈愛父親。休息，是一份喜樂。一週如果有一天能夠停下腳步與神相處，必會帶出極大的能力與力量——亦即在默想祂的良善與能力中，使我們再次更新、重新得力。這也正是這篇廣受眾人喜愛的詩篇所傳講的信息，和合本直接把詩篇第九十二篇下標為：「安息日的詩歌」，其中頭幾節經文是這麼說的：

> 稱謝耶和華！
> 歌頌祢至高者的名！……
> 早晨傳揚祢的慈愛；
> 每夜傳揚祢的信實。
> 這本為美事。[12]

> 在默想祂的良善與能力中，使我們再次
> 更新、重新得力。

詩人在這裡宣揚自己看待安息日的態度：這是個歸榮耀與神的日子，當稱謝讚美祂！這麼做會帶來什麼結果呢？繼續讀下去，就會看到詩人說：「我是被新油膏了的[13]。」請把這點記下來，如果留下一個日子，單單地感謝神、思想祂的慈愛與信實，就能從神那裡領受到全新的

恩膏。這件事情恐怕遠比許多基督徒想像中的重大。這裡講到一個人被油膏抹，其實是在比喻神的靈降臨在一個人的身上。

　　領受從聖靈而來的「恩膏」，並非只是個用來形容感覺自己離神很近的教會術語，也不是一個溫暖、模糊的感受，但卻對你的生活沒有任何影響。如果你不相信我說的，不妨好好研讀一下，舊約中那些被神的靈充滿的男男女女都經歷到什麼事。神的靈在出埃及記裡特別恩膏以色列的一些工匠，因此他們可以有超自然的恩賜去製作建造會幕所需要的材料 [14]。是聖靈裝備了約書亞，使他有能力去領導和得勝。是聖靈大大感動了參孫，他才會力大無窮 [15]。在撒母耳記上十六章我們讀到：「撒母耳就用角裡的膏油，在他諸兄中膏了他。從這日起，耶和華的靈就大大感動大衛。」大衛之所以有權柄和恩賜可以統治以色列，其實是撒母耳膏了他的那天起，聖靈也大大感動他。別忘了，以上這些都發生在舊約時代，這些人也還沒有重生。你我有著極大的優勢，如今聖靈不光是大大感動我們，還居住在我們裡面！不過，要是我們不需要經常為自己的油箱「加滿油」的話，保羅又何必告誡我們當不斷「被聖靈充滿」呢？

　　請不要小看了從聖靈來的全新恩膏，那會使你有能力在接下來的六天之內，就做好你平常要十六天才能完成的事。祂會祝福你的思維更有創意、眼光更是獨到、注意力更加專注、直覺更為敏銳，並且絕對比你靠一己之力還要來得強壯、有力。如果你不常經歷這樣的超自然表現和能力，或許那就意味著你沒有經常領受新鮮的恩膏，很可能是因為，你一直忽略了神要讓你重新領受、再次充滿的途徑——也就是安息日！不過詩篇九十二篇講到的好處還不只這些，第 12 節和第 14 節告訴我們：

義人要發旺如棕樹……

他們年老的時候仍要結果子，要滿了汁漿而常發青。

　　為什麼可以這樣呢？為什麼義人即便到了年老的時候，還是可以被更新、發旺、結果呢？或許是因為他們願意接受安息日這份重新得力的禮物？有人不想豐盛發旺嗎？我知道我想要！那如果是乘駕在高處呢？聽起來還滿有趣的吧？按照以賽亞書五十八章的說法，只要你在生活中尊榮神的智慧，也就是以安息日為重，主耶和華這麼說：

「你若從安息日掉轉你的腳步，

在我的聖日不作你自己喜歡作的事，

只稱安息日為有樂趣的，稱永恆主之聖日為可尊重，

而你若尊重它（或譯：他），

不行你自己的路，

不尋求你自己喜歡作的事，

不說你的廢話，

那麼，你就必以永恆主為有樂趣；

永恆主就必使你乘駕地之山丘；

將你祖雅各的產業餵養你了：

這是永恆主親口說的。」[16]

▌有人不想豐盛發旺嗎？我知道我想要！

只要基督徒願意憑信心跨出一步，來謹守安息日，這段經文呈現了他們所能得到的美好應許。在這裡講說要跨出「那一步」，大概是再正確不過的用字，因為耶和華一開始也是說要調轉你的「腳步」，不要再去辦自己的事；守安息日說穿了就是這麼一回事。每天可能有上百件事在喧嚷著要你注意，而你很自然而然地──「作自己喜歡作的」──就是想要把那些事情處理好。如果你是個工作狂，「作自己喜歡作的」就是會去工作。可是，真正有智慧的人應該要轉離不去行。

　　主耶和華接著又繼續鼓勵我們要「稱安息日為可喜樂的」，希伯來文講到「可喜樂的」的這個字，原文有「奢侈、享受」的意思，神在這裡鼓勵我們看待安息日的態度，應該是視安息日為一件奢侈的享受：一個特別的，而非普通的；令人期待的，而不是想到就害怕的。倘若我們以為神在「祂的」聖日所要給我們的，居然比我們能給自己的還要少，那就表示我們誤解、小看了這位慷慨的神。安息日是一份禮物；當我們願意信守安息日，就表示我們勇敢宣示自己信靠神的良善，也相信祂有能力供應我們在身心靈的一切所需。

> 安息日是一份禮物；當我們願意信守安息日，就表示我們勇敢宣示自己信靠神的良善，也相信祂有能力供應我們一切所需。

請注意光是願意轉向，並將安息日視為可喜樂的，就能夠為我們帶來極大獎賞。以賽亞說只要你這麼做，「你就必以耶和華為樂」。有時候我會聽到基督徒這麼說：「我好嫉妒你與神的關係這麼親密，感覺你與天父之間有著緊密、特別的連結。祂對你講的話都好清楚，我好希望自己也可以擁有像你們一樣的關係。」我可以告訴你，我也沒有什麼特別的。這段經文講得很清楚，如果你希望與主的關係為樂，那就必須轉離腳步不去做自己喜歡做的，或是那些會讓你忙得團團轉的事，而是要全心地來守安息日。如此以來，神的話語應許我們：「你就必以耶和華為樂」，這節經文在和合本裡是這樣翻譯的：

> 你就以耶和華為樂。
> 耶和華要使你乘駕地的高處，
> 又以你祖雅各的產業養育你。
> 這是耶和華親口說的。[17]

　　「以耶和華為樂」這句話，是否讓你想到另外一節經文呢？大部分的基督徒應該都熟悉詩篇三十七篇 4 節：「又要以耶和華為樂，祂就將你心裡所求的賜給你。」許多人讀到這節經文時都會想說：「怎麼可能？我要怎麼以耶和華為樂呢？」換句話說：「要怎麼樣才能做到耶和華真是我的喜樂，假如我真的沒有這種感覺怎麼辦？」相信現在你知道這個問題的答案了，守安息日是你要走的途徑。而這麼做又會帶來什麼結果呢？主必會「使你乘駕在地的高處！」

注　釋

1. 利未記十七章 5 ～ 7 節

2. 馬太福音十五章 6 ～ 9 節

3. 路加福音十一章 46 節

4. 《享受安息》（The Rest of God: Restoring Your Soul by Restoring Sabbath），
   馬克 ‧ 布侃南（Mark Buchanan）著；Kindle 版，原文書第 106-107 頁。

5. 馬太福音十一章 28 ～ 30 節

6. 馬太福音十二章 2 節

7. 馬太福音十二章 3 ～ 5 節

8. 馬太福音十二章 6 ～ 8 節

9. 馬可福音二章 27 節

10. 馬太福音十二章 9 ～ 13 節

11. 馬可福音三章 6 節

12. 詩篇九十二篇 1 ～ 2 節

13. 詩篇九十二篇 10 節

14. 出埃及記二十八章 3 節，三十一章 3 節，三十五章 31 節

15. 士師記十四章 6 節

16. 以賽亞書五十八章 13 ～ 14 節（呂振中譯本）

17. 以賽亞書五十八章 14 節

第 5 章
善待自己

當以基督耶穌為你的喜樂,因為在祂的裡面你就得以完全;讓祂以自己的公義覆蔽你,並用強壯的膀臂環繞你……這是個你可以好好安息之處。

—— 詹姆斯 ‧ 漢彌爾頓 (James Hamilton)

本書一開頭我便指出，現今文化底下有為數不少的人都受睡眠障礙所苦，而睡不好又是造成其他不少身體、精神或情緒失調病症的根本原因。

不曉得你是否有注意到，猶太人的安息日是從太陽下山之後才開始算呢？事實上，神認定每一天都是從傍晚開始。創世記一章 5 節記載神在創造天地時，祂的話語說：「神稱光為『晝』，稱暗為『夜』。有晚上，有早晨，這是頭一日。」我們還以為每一天是從日出之時開始，殊不知神卻說是從日頭下山之後才開始的。

尤其如果講到安息日，這點就更顯為真實了。世界各地那些嚴守教規的猶太家庭一到禮拜五下午總是會忙著在張羅，因為很快地隨著太陽下山就要進入安息日，意謂著接下來的二十四小時內，什麼事都不能做，餐點已經都先煮好，家事也都提前一步做完了。一切都已就緒，因為全家人都知道，等太陽一下山會先一起吃頓好料，接著就是要好好地休息。其實在一般家庭裡，電燈尚未普及之前，大部分的人都是天一黑就直接上床睡覺了。

的確，安息日通常都是先飽足一餐，然後就好好睡上一覺。你有發現神嘗試透過這樣的模式在告訴我們關於安息日的什麼事嗎？當你熟睡的時候，你就沒有在努力、籌劃、管理、創造、建造或是彌補，你也沒有嘗試在控制任何東西。當人在睡覺的時候，就是最沒有防備的時候。換句話說，當你在睡覺的時候必須全然地信靠神。

請容我再重申一次，要守安息日……就得憑信心跨出那一步。安息日要能好好休息的關鍵要素就在於，是否能夠因為信靠和相信神的良善

和信實而全然放鬆。一旦你做到這點，你就能夠睡得既深層又安穩，也能夠在睡醒之後感到充飽電、煥然一新。或者也像是滿有智慧並寫下箴言的所羅門王所說的……「睡得香甜！」

> 你躺下，必不懼怕；你躺臥，睡得香甜。忽然來的驚恐，
> 不要害怕；惡人遭毀滅，也不要恐懼。因為耶和華是你所
> 倚靠的；祂必保守你的腳不陷入網羅。[1]

神要你在休假的時候先從有一夜好眠開始，因為睡覺就是你在安息日的時候應該要有的姿態：完全放鬆、平靜安穩、全心信靠、充滿自信，在這位良善天父的懷抱中，全然地感到安全、受到保護。大衛當時就是處在這樣的放鬆狀態，所以才會寫下：

> 耶和華啊！我的心不驕傲，我的眼不自高；
> 重大和超過我能力的事，我都不敢作。
> 我的心平靜安穩，像斷過奶的孩子躺在他母親的懷中，
> 我的心在我裡面真像斷過奶的孩子。[2]

要睡得「香甜」必須要全然地信靠神才辦得到，你曾有過輾轉難眠的問題嗎？或是曾在半夜突然醒過來，發現自己的腦子不停地在轉，結果就再也睡不回去了嗎？我有過，而我也可以告訴你為什麼會這樣——因為我無法信靠神，所以在我內心（靈魂的）最深處，我總覺得自己必須要把事情處理好——要自己找到所有問題的解決辦法。

　　我娶了一個非常棒的太太，她無論在什麼時候去到哪裡都能夠立刻入睡。有時候我們可能一起躺在床上聊天或是看書的時候，她會對我說：「我有點累，想先睡了。」

　　我說：「好啊，老婆，我愛妳。明天早上見。」

　　我話都還沒說完，就聽見她的鼾聲大作。「真的假的？她已經睡死了！」某天晚上，當她躺在那裡睡得很沉的時候，我人在她身旁做著我認為「負責任」應該做的事：擔憂。那時我們正在討論一些夫妻倆要一起做的財務決定，我覺得她應該要醒著和我一起擔心才是，可是她居然睡得這麼安穩，當下我有點不太開心。當然了，當時的我怎麼可能會承認自己在「擔心」呢？在我看來，我不過是很負責地在試著解決問題嘛。我持續在腦海裡思索著許多的想法，嘗試要找出計畫、想法和解答。有一部分的我（就是很自以為是的那個部分）相信不論是什麼壞掉或是哪裡有問題，我一定都能「靠自己」、「一個人」找到解決之道。

　　我想應該不是只有我才這樣，每個人其實都不斷地在對自己講述著一個我就是主角的故事。

　　如果講到在婚姻中各自扮演什麼角色，我和黛比算是蠻傳統的一對夫妻，一路走來，一直都是她主內、我主外，包含打理我們家的財務。

會做這樣的安排，主要與神所賜給我們的恩賜有關。我天生對數字很敏銳，這是從我爸爸那裡遺傳下來的，所以要我管理預算或是支出，都是相當輕而易舉的事，但是要黛比做的話，可能會要了她的命。沒錯，我們知道不少夫妻可能是太太在這方面比較有天分，或是有受過相關訓練，所以是由她來監督預算和記錄花費。職責的區分應該要視恩賜而定，這是為什麼在我們家，任何與錢有關的責任都會落在我頭上。

黛比會說她從來沒有一天擔心過我們家的財務狀況，因為她基本上，也不太了解我們家的經濟狀況究竟是好是壞。倒也不是我不讓她知道，我其實都會說。也不是她不夠聰明所以搞不懂，任何認識我們夫妻倆的人都可以證明，她實在比我聰明太多了。單純就只是因為她沒有在留意這件事，她真的是一點都不太在意。如果教會準備要收一筆特別奉獻，我可能在吃早餐的時候會問她說：「妳覺得我們要奉獻多少呢？」

她會說：「嗯，不然就給個五萬美金（約台幣一百五十萬）吧。」

「什麼？！」我一邊擦著桌上從我口中噴出來的咖啡，一邊回她：「妳是認真覺得我們有這麼多錢嗎？」

她就會說：「我怎麼知道啊！那不然，就給五千美金（約台幣十五萬）嘛？還是一萬（約台幣三十萬）？都可以啦。只要你相信是主要我們奉獻的，你要給多少都好，我相信你。」

我們一直以來都是如此；由我負責管錢，這樣，她在這方面就可以完全不用操心。

不過那天晚上，當她已經熟睡了，我躺在床上的時候內心感到十分焦急，我發現自己有點怒，因為很明顯地我們正在面臨一個狀況是，

我感覺我們倆應該要「一起」承擔和為錢感到擔憂。我心想：「她怎麼可以還睡得這麼平靜安穩？我曉得了，她能睡這麼好，還不都是因為『我』，她根本不知道民間疾苦，因為她老公一直都把她照顧得服服貼貼的。瞧她多麼快活啊！」

就在那個當下，我聽見我裡面有一個我非常熟悉的聲音，主就問我說：「羅伯特，你為什麼个睡覺呢？」

我感覺自己完全就像是個殉道者，於是回答道：「還不是因為『我』沒有一個這麼會照顧我的先生啊。」

當那句話一浮現在我的腦海裡時，我就立刻感覺到那幾個字重重地傷了天父的心。祂說：「真的是這樣嗎？羅伯特，我對你的照顧應該超過你對她的照顧，這還需要我來提醒你嗎？我的話語說，我是你的良人，你是我的新婦。如果你像黛比信任你一樣地相信我的話，你大概也就能夠睡得好了。」

祂當然是對的，當時的我承擔了一些根本不是我該背負的重擔。當我躺在那裡不停地苦思著自己的種種問題，並且極盡掙扎地想要靠我那微不足道且有限的頭腦找出答案，這一切都顯明了我其實不相信神是良善的，也忘記了祂到底是多麼地具有能力。後來我向神悔改，把我的擔憂通通交託給這位信實又大有能力的天父，而且祂對我的慈愛是遠超過我所能想像，交託完後就睡著了。

如果你經常有難以入睡的毛病，很有可能你也不相信神會好好照顧你。你的頭腦一直不斷努力地想要找出所有問題的解決辦法，並籌劃著到底要如何達到目標——這讓我想起，為什麼要特別提到安息日都是從

晚上開始的；只要晚上能先睡個好覺，那麼用同樣的心態與姿態去面對安息日，就一定可以實際好好地休息一天。不過，首先最要緊的，還是在於要信靠你的天父。

> 只要晚上能先睡個好覺，那麼用同樣的
> 心態與姿態去面對安息日，就一定可以
> 實際好好地休息一天。

　　請仔細地思考一下，到底是什麼讓你無法守安息日，哪怕不過就是一週裡面好好地休息一整天呢？當你在思忖著自己到底要不要這麼做的時候，腦中都閃過了哪些念頭呢？你可能在想：「如果我休息一天，那事情鐵定就會完蛋了！」「休息完一天，我大概就不會想要再動了。」「我的競爭對手就會贏過我。」或是「要是我沒有緊鑼密鼓地盯著所有進度，肯定會出亂子的。」如果捫心自問，你大概會發現其實自己真的不相信，神會在你不工作的時候把你手上的事情都照顧得服服貼貼。親愛的朋友啊，神到底有沒有實際掌權，還是沒有一樣事情在祂掌管底下；神到底是不是一位使萬事互相效力並叫你得益處的神；以及到底耶穌是「一切的主」，還是其實你才是主？答案到底是肯定的還是否定呢？

　　還記得希伯來書的作者是怎麼詮釋以色列人在曠野中遊蕩的故事嗎？他們無法進入神的安息──就是那豐盛、安穩的應許之地──都是因為他們不信。容我換個詞來告訴你什麼叫做不信：懷疑；他們懷疑怎

麼可能照著神的方式去行就會得著勝利。你呢？你相信只要你全心照著神的方法去做事，祂就會供應你一切所需嗎？你相信神會照著你心裡的渴望為你成就嗎？事實是，神不僅在意你的需要，祂也顧念你的想要。同時神的話語也講得非常清楚，凡是信祂的人，內心是容不下任何緊張與擔憂的。就好像彼得前書五章 6 至 7 節那裡告訴我們：

> 所以，你們要自卑，服在神大能的手下，到了時候祂必叫你們升高。你們要將一切的憂慮卸給神，因為祂顧念你們。

　　請注意，自卑在這節經文所發揮的作用，驕傲是攔阻人無法進入安息的一個主要障礙。人類自從墮落後，天性會想要一肩扛起所有的事情。我們想要能夠說：「這都是我憑著自己做到的！」基本上，這和一個六歲大的孩子才剛學會綁鞋帶，就一副很臭屁的樣子沒兩樣。我們不想要覺得自己必須仰賴他人，但事實是，我們就是互相倚賴，這是事實。保羅說「我們生活、動作、存留」都在乎神。[3] 耶穌講得更是再清楚不過了：「我是葡萄樹，你們是枝子。常在我裡面的，我也常在他裡面，這人就多結果子；因為離了我，你們就不能做什麼。」[4] 若你所做的事情當中，有哪一件事具有可存留到永遠的價值，那肯定是因為你與這位賜生命的神之間，有透過祂的兒子耶穌基督彼此緊密且時刻相連，才有可能做到。這也是為什麼倘若我們在生命中的任何一個領域拒絕信靠神──包含在工作上也是──肯定就會錯得離譜和以悲劇收場。

　　進入安息日的祝福意味著，你不僅願意自卑並認出自己需要神，同

時你也願意相信祂是真的在乎你。因為這兩點都是千真萬確的，你可以全然地把自己的擔憂都交給祂，就白白地領受。耶穌說：

> 所以，不要憂慮說：吃什麼？喝什麼？穿什麼？這都是外邦人所求的，你們需用的這一切東西，你們的天父是知道的。你們要先求祂的國和祂的義，這些東西都要加給你們了。所以，不要為明天憂慮，因為明天自有明天的憂慮；一天的難處一天當就夠了。[5]

你可以信靠、相信、睡得香甜、進入深層的休息，因為愛你的神是信實、良善且堅強的那位。

> 信靠、相信、睡得香甜、進入深層的休息

好好休息的三大理由

2016 年，在美國發生了一件過去一百年來從未發生過的事，而且隔年又再度發生。

美國的平均預期壽命竟連續兩年都大幅縮短，[6] 過去在我們的歷史上，美國大部分的時候平均年齡都是不斷地在延長中，我們也是世界上數一數二長壽的國家之一。就連在經濟大蕭條時期，或是二次世界大戰

中毒人的死亡人數，都不足以使美國平均預期壽命的成長數字下滑，只可惜好景不常。

是的，就在經過了將近兩個世紀以來持續不斷的正成長後，[7] 美國的平均預期壽命在 2016 年首度負成長，接著在 2017 年又再度下滑，掉到 78.7 歲——比像英國、德國、加拿大、法國、墨西哥還有日本少了整整 1.5 年。看來，我們是越活越回去了，[8] 是什麼造成如此驚人的逆成長呢？英國醫學期刊所提出的報告指出了兩個主因：鴉片類止痛藥上癮的氾濫和「絕望」。[9] 你沒看錯，就是「絕望」。此項研究的作者認為，「如果上癮行為和情緒變得越來越不健康，已經嚴重到足以拉低整個國家的平均壽命」[10] 的地步，這著實是個「警訊」。

我個人也認為那是個警訊；正如我前面所提出的，全國上下的百姓都深受疲倦所苦，是我們把自己給操死了。而且還不光是身體上的疲憊在扼殺我們，就好像這份研究所顯示的，我們在情緒和精神上也是不斷地在被消耗。當我發現居然是止痛藥和「絕望」在縮短我們整體的平均年齡時，我忍不住想到，耶穌當時是請求那些勞苦背重擔的人要到祂那裡去，凡去到祂那裡的人，祂應許要給他們什麼呢？

要讓我們的靈魂得享安息！

你有沒有曾經工作了很長的時數，而且是日復一日、一連好幾個禮拜，中間幾乎都沒有停下來休息過呢？好像我打從一開始就自首了，我有這樣過，最後可想而知，我確實就生病了。我的免疫系統開始不再起作用，最後我大概都得要躺上個好幾天，其實那就是我的身體在逼我還長久以來所積欠的休息債。神很認真地看待休息這檔子事，因為祂也很

認真地在看待你。祂不光愛你，你更是按著祂的心意所造。

　　底下我為各位列出三個主要的原因，說明我們為什麼需要信靠神和好好地守安息日，確保自己每個禮拜有一天是分別為聖出來——不論是哪天，只要對你來說管用就好——讓你可以完全充飽電和重新得力。接下來，讓我們一起好好檢視一下這三項理由吧。

1. 守安息日讓神有機會可以超自然地供應我們

　　從出埃及記裡以色列人的經歷，我們可以清楚地看見這點。

　　在出埃及記的第十六章裡，我們讀到耶和華如何在曠野中賜下嗎哪，供養了祂的百姓。如果你還記得的話，要得到這個奇妙的供應其實是有附帶一些特定的指示。每天早上，當這個屬天的食物又出現在以色列人紮營的地上時，他們只能夠拿夠自己一家人當天吃的份。要是有人多拿，想要留到隔天吃，等到隔天就會發現那些多留下來的份，若不是發臭就是長蟲了。神要我們在這裡學習的功課就是要信靠祂，並且相信祂絕對有能力供應我們的所需。因此若有人試著要多拿一些嗎哪並存起來放，很明顯地，就是表示他並不相信神隔天會再做一次。

　　不過，雖然被吩咐只要拿夠一天吃的嗎哪，但一碰到禮拜五，挑戰就來了。畢竟以色列人在安息日當天是被禁止去工作或是撿拾任何東西的。要是在安息日去撿柴，可是會直接被處以死刑，可見也不可能出去拿嗎哪。不過這點當然是嚇不倒神：

摩西對他們說：耶和華這樣說：明天是聖安息日，是向耶和華守的聖安息日。你們要烤的就烤了，要煮的就煮了，所剩下的都留到早晨。他們就照摩西的吩咐留到早晨，也不臭，裡頭也沒有蟲子。摩西說：你們今天吃這個吧！因為今天是向耶和華守的安息日；你們在田野必找不著了。六天可以收取，第七天乃是安息日，那一天必沒有了。[11]

　　如果神在安息日那天供應了嗎哪，基本上，就是在要祂的百姓違背自己的律法。但神是不會這麼做的。相反地，祂教導他們要在禮拜五的時候撿兩天份的嗎哪，接著，祂又很奇妙地讓嗎哪即便到了隔天，都還是新鮮和可以吃得飽足。這裡有另外一個值得你我來學習的功課：如果我們一個禮拜工作七天，就不應該期待神要超自然地幫助我們。要是我們一直不把守安息日當一回事，恐怕就無法在第七天得到神蹟性的幫助、供應、恩寵和增添。但如果我們有好好地守安息日，就必會在其餘的六天裡經歷到神奇妙的幫助，甚至在第六天直接得到雙倍的幫助！

> 如果我們有好好地守安息日，就必會在其餘的六天裡經歷到神奇妙的幫助，甚至在第六天直接得到雙倍的幫助！

　　你知道嗎？即便神都已經在禮拜五奇妙地供應了他們兩倍的量，可是到了安息日那天，百姓卻還是跑出去想要找到更多嗎哪。就好像神早

告訴過他們的，果然是什麼都沒有找到。他們不僅違背了神的命令，而且還一無所獲，過程中，他們只暴露出自己既貪心又不信靠神。不意外地，神因為這件事而不太高興，就逼著摩西要再向百姓說明清楚祂的指示，清楚到再笨的人都可以理解：

> 耶和華對摩西說：你們不肯守我的誡命和律法，要到幾時呢？你們看！耶和華既將安息日賜給你們，所以第六天他賜給你們兩天的食物，第七天各人要住在自己的地方，不許什麼人出去。[12]

請看一下上面這段經文裡的重點字：「**耶和華既將安息日賜給你們**」。神之所以會被激怒，因為安息日是神賜給百姓的「禮物」，但是他們卻不領情。因此神基本上是在說：「請你們好好休息一天！我會在禮拜五給你們雙倍的供應，這樣到了安息日，你們就可以好好地休息了！」

如今要是你有好好地守安息日，並讓安息日成為自己生活的一部分，這會讓你有機會可以看見神的大能，以及祂會為你成就的一切。不光是我個人曾經經歷過，還有許多其他基督徒都可以做見證，如果你願意信靠神，並且在每個禮拜讓自己有一天真的什麼都不做，就是好好地休息，你必會發現神可以怎麼在剩下的六天裡，超自然地供應和祝福你。

容我再次強調這個重要的真理，這個道理其實與十一奉獻很類似。我發現我寧願自己是有蒙神祝福的九成收入，也不要百分之百全拿了，

但卻沒有祂的祝福。如果我所管理的財物都能夠蒙神祝福，那可是非常具有大能的。我曾聽過無數的人說：「我沒有錢可以十一奉獻。」每次我聽到一定會這麼回覆：「我發現如果我不十一奉獻，那後果更是我承擔不起的。」時間也是這麼一回事。全心照著神的原則去守安息日，就是一個禮拜有一天什麼都不要做，神就能夠超自然地祝福剩餘的六天。在那六天裡，因著有神超自然的祝福，你將會完成比你連續工作七天都還要多更多的進度。

神在六天裡到底能做多少事呢？請你好好看一下四周，如果你所在的地方沒有光害，請抬頭好好地看一下明亮的夜空。這個美得不可勝收的星球，以及在它之外那大到令人無法想像的宇宙，通通都是天父在六天之內所創造出來的。那六天，當你在工作的時候，永遠不要懷疑神可以透過祝福來成就多麼大的工作。

▌神在六天裡到底能做多少事呢？

任何適用於個人的東西，肯定也會適用於公司行號。美國連鎖炸雞店「福樂雞」（Chick-fil-A）就打破了所有速食餐飲業的行規，他們居然是週日公休。一般來說，週日就是大部分家庭外出用餐的那一天，大部分做餐飲的人都難以想像他們怎麼會選在那天公休。有許多店家甚至還會為了提高單一店面的營業額，索性一整天 24 小時不打烊。福樂雞這個家族企業是由已故創辦人特魯特・凱西（S. Truett Cathy）所創立，

他本身是位重生得救的基督徒，並堅持禮拜天不開店。福樂雞官網上對此一決定做了底下的說明：

當本店創辦人特魯特‧凱西於 1946 年在喬治亞州哈佩維爾（Hapeville）開設第一家餐廳時，即決定週日公休。特魯特過去自己曾在 24 小時營業的餐廳一週連續工作七天，他發現對自己和員工來說，禮拜天公休有其必要性，因為這樣才能分別出一天的時間好好休息，以及若是員工們願意，也就能去參與崇拜──我們直到如今仍舊維持這項傳統。

即便這在餐飲業來看無疑是對自己不利，這間公司的成長與成功卻仍是持續讓業界的人瞠目結舌。甚至商業內幕（Business Insider）這個知名的企業網站，還為此在 2017 年刊登了一篇文章，其內容如下：

福樂雞完全稱霸速食餐飲界。

他們旗下的單一餐廳營業額，比美國其他任何一間速食連鎖店都還要來得高，而且他們每週還只營業六天。

福樂雞有 2,100 間分店，沒有一間店例外，都是在禮拜天公休。其競爭對手：麥當勞在全美有超過 14,100 間分店，塔可鐘（Taco Bell）有將近 6,300 間分店，肯德基有超過 4,160 間分店──這些速食店大都是一週營業七天。

可是福樂雞的年營業額卻比其他十幾間速食連鎖餐廳都還要來得高，包含像肯德基、必勝客、達美樂和阿比快餐店（Arby's，譯註：美國一家三明治快餐連鎖店），他們在美國的分店數量都是福樂雞的兩倍之多。[13]

正是如此，即便福樂雞的分店遠比其他連鎖店還要少很多，但他們六天的營業額硬生生地就是比競爭對手七天的營業額還要多上許多。請各位想像一下！如果比較單一餐廳的平均年營業額，可能會更容易看得出來福樂雞旗下的店家到底比其他業界對手的營業額還要高出多少，如此一來，在與那些擁有更多分店的連鎖店相互比較時也顯得再公平些。同樣一篇文章也報導了，福樂雞在 2016 年裡，單一餐廳平均營業額為四百四十萬美金（相當於台幣一億三千兩百萬元）。如果拿與它性質最相近的競爭隊手肯德基來比較的話，他們在同一個時期，單一餐廳的平均營業額為一百一十萬美金[14]（相當於台幣三千三百萬元）。

他們明明每週還少營業一天，但單一分店的營業額竟然就是對手的四倍之多。如果拿只工作六天，但手上工作滿有神的祝福，來與辛勤工作七天，但卻不蒙神祝福相比，現在不用來說服我後者比較好，來不及了，我都已經看到結果了！

神也在切切懇求著說：「你要信靠我！如果你願意照著我的原則和方式去行的話，你且來看看我透過你將能夠成就些什麼。」安息日讓神有機會可以超自然地來供應我們，但絕對不僅止於此。

2. 安息日讓我們有機會安息、舒暢

在出埃及記第三十一章，可以看到非常特別的一句話，提出安息日為什麼應該要好好休息的理由：

> 故此，以色列人要世世代代守安息日為永遠的約。這是我和以色列人永遠的證據；因為六日之內耶和華造天地，第七日便安息舒暢。[15]

首先，請注意到神宣稱守安息日要做「永遠的約」。「永遠」指的是不會有過期的一天；而約則代表了神命令他們要守安息日，祂的用意是要幫助他們整個社會可以昌盛，那也是神鄭重與以色列百姓訂立同意書的記號。那雙方到底同意了什麼呢？只要你們記得不斷地透過守安息日來倚靠我和與我連結，我就會超自然地幫助和祝福你們。這說明了為什麼神在講到安息日時，祂下一句話會說：「這是我和以色列人永遠的『證據』。」證據的用途是什麼？表示（證明）某樣東西的存在。以色列人每個禮拜只要有一天休息，就證明他們與神是在一個盟約關係裡——不光是讓他們自己曉得，更是要讓世上列國看見。安息日是神的百姓被分別出來的印記。沒錯，以色列人還有另外一個與神立約的證據，不過那個記號是不在這個文化底下的百姓就看不到的：割禮。守安息日是全世界的人都有目共睹的！

最重要的是，只要以色列人有忠心地守好安息日，這就會是未來世世代代可以仰賴的證據——證明他們將可以繼承應許之地，即便他們不

曾見證過神怎麼拯救以色列百姓出埃及的神蹟，或是不曾在曠野中經歷過奇妙供應。新一代的百姓需要有樣東西可以時時刻刻提醒著他們，一個印記證明他們與神之間有一個神聖的約定，只要如此行就證明他們信靠神，而神也必會照著祂的應許來照顧他們。每一個以色列的孩子長到了一定的歲數——大概是四、五歲左右，那個對什麼都感到好奇，也動不動就會問「為什麼？」的年紀——他／她大概就會問自己的爸媽，為什麼我們一到禮拜五的下午，就要開始預備接下來的二十四小時要什麼事都不做；也或者到了禮拜六就會問：「媽媽，為什麼妳今天不煮飯啊？」這會讓父母們有機會可以向孩子解釋，他們與神之間所立的盟約，也一併談到神的信實與大能。是的，正如神在這段經文裡所宣告的，安息日就是一個證據。不過請再仔細看看，祂還講到了其他哪些部分。

那個證據讓他們重新向神看齊，也回頭看祂當時花了六天創造天地。神宣稱安息日要作為祂和以色列人中間永遠的證據。為什麼？

「……因為六日之內耶和華造天地，第七日便安息舒暢。」

這句話其實非常地驚人，我們總是會聽到神在第七日的時候歇了一切的工，但其實講到神會休息的這個想法，其實很挑戰人的思維，因為就我們所知，神是不會感到疲憊、也不會精疲力竭。事實上，神甚至在以賽亞書四十章 28 節那裡直言：「創造地極的主，並不疲乏，也不困倦。」不過也不難理解，「安息」這個字在這裡是指神歇了祂一切創造的工作，因為祂已經完成了。祂過去六天不斷地在創造，可是現在祂計

畫要創造的一切都已經完成。祂看著自己所造的一切，並宣稱：「都是好的。」於是六天過後，神就安息了，或者說歇了一切的工。

那另外「舒暢」（refreshed）這兩個字呢？（譯註：原文 refreshed 也有「重新得力」之意）如果神的能力無限，祂是不會疲倦與困頓的，那為什麼會說祂會需要重新得力呢？我們可以從翻譯為「舒暢／重新得力」的希伯來文原文 naphash 的這個字裡找到答案，這個字的意思是「吸氣」或是「呼吸」。這個字還有出現在舊約的另外兩處經文，如果用現代的話來說，就是指人可以停下來喘口氣的地方或是時刻。

> 如果用現代的話來說，就是指人可以停下來喘口氣的地方或是時刻。

神從來沒有喘不過氣來過，不過即便如此，按照創世記裡提到神在六天內，進行了一連串的創造，因此在那裡使用這個字實在是再合理不過。神到底是怎麼創造出光、這個世界，以及在這世界裡的一切呢？祂「話一出口」，事就成了。每講一個字就會需要吐氣或是呼出一口氣，而當到了要按照祂的形像和樣式來造人的時候，創世記二章 7 節這裡告訴我們：「耶和華神用地上的塵土造人，將生氣吹在他鼻孔裡，他就成了有靈的活人。」

過去這六天以來，當神在創造的時候，祂一直不斷地呼出氣息。到了第七天，就是 naphash 的時候——也就是要好好地吸一口氣。

講到這裡，我就要問各位這個問題了：如果連神都會需要喘一口氣了，那你為什麼不這麼做呢？如果連這位造天地的大能造物主都會停下來呼吸一下，那麼你和我又怎麼會以為，自己就算沒有效仿祂的樣式也不會怎樣呢？當神提醒祂的百姓要守安息日的時候，我相信祂是刻意指出祂自己也會如此行，並且因此而感到舒暢。

　　如果忽略守安息日這個「永久」的約，恐怕會讓你失去一個能夠好好呼吸的美好機會——也無法重新得力。

　　過去這幾千年來，嚴守安息日的猶太家庭裡，在安息日開始時，他們總是會有一個儀式。就在太陽快要下到地平線之前，他們會點起兩根蠟燭。這兩根蠟燭代表神在妥拉裡，兩次命令他們要守安息日的情境；第一次是在出埃及記第二十章裡，神命令百姓當「紀念」安息日，第二次則是在申命記第五章裡，這裡則是吩咐要「守」安息日為聖日。在此有個我們必須要學會的功課，「紀念」固然重要，但是更重要的是要確實去「遵守」。

　　幾千年下來，守安息日被視為是要安靜、簡單的過一天，就是享受美食、聊天、讀書、散步和睡個午覺。這麼做難道有錯嗎？一個禮拜空出一天，什麼都不做，有什麼問題嗎？當然一點問題都沒有！更何況這可是神吩咐我們這麼做的。可是對現今許多神的百姓來說，他們難以想像怎麼可能每個禮拜有一天要這樣過，光用想的都覺得實在太可恥了。他們一方面會感到罪大惡極，也無法想像怎麼可能不每過六到七分鐘就看一下手機有沒有收到訊息，或是電子郵件。這些人無法理解，他們一定要無時無刻盯著社群媒體，看看大家都在哪間餐廳裡面吃什麼，或是

看一下現在應該要對什麼事情感到氣憤或是驚慌失措。

這種慢活、安靜和純粹，對現代人來說，簡直是一大衝擊，可是這個衝擊卻是我們迫切需要的。老實說，少了這些東西，其實我們根本活不下去，這也就帶出了我們為什麼應該好好守安息日的第三個理由。

3. 不休息就得自食惡果

還記得那個因為在安息日撿柴就喪命的人嗎？他們找到的是一個出來撿柴的人，請容我提醒你，那個人可沒有殺人，也不是把自己的小孩拿去獻給魔鬼摩洛為祭，他不過是撿拾木柴罷了。在民數記十五章我們發現：「遇見他撿柴的人，就把他帶到摩西、亞倫並全會眾那裡，將他收在監內……。」[16]

請看這裡大家逮捕了一位市民，他們逮補了這個瘋子並且「把他收在監內」，還特別安排了一個最優秀又全副武裝的壯漢，在這個人的監牢外面守著。他們當然要這麼做啦；這可是個撿柴的人耶！最好還是把這個瘋子給關起來啊，免得他又逃出去撿更多的柴呀！

確實，以上純屬玩笑。可是發生在這個人身上的處境可不是在鬧著笑；他們把他帶到摩西那裡，而在摩西詢問耶和華後，耶和華吩咐要治死這個人。[17] 如果你覺得這未免也太嚴厲了，請容我提醒一下，全人類的命運——自從亞當悖逆之後，神對於這個悲慘後果的偉大計畫能否成功，或是每一個人到底能不能夠呼求主名而得救的永恆命定——都緊緊在以色列這個國家是否能夠存活超過十五世紀啊。倘若時間還沒有到，以色列的支派就都滅亡了，那就不會有猶大支派，一旦沒有了猶大支派，

也就不會有耶穌的母親把祂生在伯利恆，並成了大衛的後裔。

　　這個風險實在是高到無以復加。我要再次強調，神要以色列人遵守的誡命其實都是為了他們一整個民族可以完好如初、健康和昌盛，所以才會說：「及至時候滿足，神就差遣祂的兒子，為女子所生，且生在律法以下，要把律法以下的人贖出來，叫我們得著兒子的名分。」[18]

> 神要以色列人遵守的誡命其實都是為了他們一整個民族可以完好如初、健康和昌盛。

　　如果特別注意一旦違背了摩西律法中哪幾條誡命會被處以死刑，相信會有不同的亮光與看見。只有四種是一旦違背了就會被處以極刑，其中三種是殺人、姦淫和孩子不孝敬父母。沒錯，我們當中作父母的，你的孩子如果是不聽話的青少年，你可以告訴他／她說，應該慶幸還好我們已經都活在新約的時代！遵從上列的每一項都是極為重要，如此一來，才能確保以色列人有個穩固和健康的社會。各位應該也已經料想到第四個會被處死的罪是什麼了：褻瀆安息日。很明顯地，在神的計畫中，每個禮拜守一天安息日為聖日，是使猶太人在接下來的世世代代裡都能成功和昌盛的關鍵和必要因素。

　　如果在舊約裡面一旦沒有守安息日就會遭受到如此極端的後果，那現代人要是沒做到也會自食惡果，這點應該沒什麼好令人訝異的吧？我

在講的不是神會怎麼懲罰，而是神打從一開始就出於慈愛，千方百計的希望不要讓祂的百姓去經歷到那些在自然律底下的負面影響。神之所以會讓舊約時代裡褻瀆安息日的人受到那麼嚴厲的懲罰，是因為祂作為造我們的主，完全知道我們的受造無法承受每個禮拜都連續七天不停地運轉，這樣日復一日下來，我們會承受不住，只會把自己操到不論是身體、情緒、精神，或是靈命的量表都見底了，還不停地在空轉，這絕對不是長久之計。

就某個程度來說，不守安息日的生活模式形同判自己死刑啊！因為那根本是在慢性自殺。

拆封禮物

雖然上述的那種已經夠糟的了，不過不守安息日還有另外一個惡果。正如我們所見，我們還失去了神超自然的祝福。如果能夠憑信心跨出信靠的那一步，讓自己在一週裡，有一天可以斷電一下，就能夠開啟屬天的供應與支援。信實的神必會照著我們的信心來回應，讓我們不光能在那一天有超自然的喜樂和恢復，更會在其餘的六天裡，也有屬天的恩寵與聖靈賦予的超高效能。

> 信實的神必會照著我們的信心來回應……有屬天的恩寵。

可見守安息日實在是個太棒的禮物了！只不過神的百姓當中，有大多數的人根本連這份禮物的緞帶都還沒有解開，所以他們只好辛苦地靠著自己越用越少的力量和資源，在生活中蹣跚前行。他們只能做成那些靠著自己的小聰明和努力半天才能做完的事，明明可以有神聖相會、超自然的恩寵與神蹟的倍增，但他們卻只能拱手讓人。最慘的是，他們所仰賴的物質或是精神上的資源，都是不斷地在被消耗殆盡中，因此他們經常處在彈盡糧絕的空轉狀態。

我就問有哪個精神正常的人，會明知道後果卻還選擇這麼做呢？到底是誰會寧願七天連續不停地靠著自己又忙得半死，也不要每週休息一天，好好享受讓這位創造宇宙萬物的造物主來幫忙，同時還又感覺自己變得更加機靈、更強壯也更健康了呢？只可惜有許多神的百姓都選擇前者，想必是因為我們都認為第四條誡命已不具有合乎現代人所需要的智慧吧。

請聽好了，安息日實在是份禮物。它是生命，而非律法。這正是耶穌嘗試要告訴法利賽人的點，所以祂才會說：「安息日是為人設立的，人不是為安息日設立的。」過去這兩千年來，確實遵守安息日的猶太人就有理解這點，我很喜歡一句古老的猶太俗諺：「不是以色列人保存了守安息日的傳統，反而是守安息日使以色列得以存留。」[19]

神今天在拜託你送給自己這份禮物，讓你可以每週有一天好好休息的時間。信靠祂，並且好好地善待一下自己。你一定會很訝異，自己居然能夠完成比平常還要多的事情，以及原來自己可以如此享受在這趟旅程中。

1. 箴言三章 24 ～ 26 節

2. 詩篇一三一篇 1 ～ 2 節（新譯本）

3. 使徒行傳十七章 28 節

4. 約翰福音十五章 5 節

5. 馬太福音六章 31 ～ 34 節

6. 《為什麼今年美國的預期壽命又再度縮短》（Here's Why Life Expectancy in the U.S. Dropped Again This Year），葛瑞絲・唐納莉（Grace Donnelly）著，2018 年刊載於《財富》雜誌（Fortune）；https://fortune.com/2018/02/09/us-life-expectancy-dropped-again/（連結於 2022 年 5 月 20 日有效）。

7. 《1850-2011 年間不同年齡層的預期壽命（Life Expectancy by Age, 1850-2011）》Infoplease；https://www.infoplease.com/us/health-statistics/life-expectancy-age-1850-2011（連結於 2022 年 5 月 20 日有效）。

8. 《不同年齡層的預期壽命》。

9. 《美國逐年下滑的健康》（Failing Health of the United States），史蒂芬 H・沃夫（Steven H. Woolf）和羅丹・亞倫（Laudan Aron）著，2018 年刊載於 BMJ.com，https://www.bmj.com/content/360/bmj.k496。

10. 《美國預期壽命再度縮短的三大主因》（U.S. Life Expectancy Has Fallen Again. Here Are Three Reasons Why），艾比・哈格蕾吉（Abby Haglage）著，2018 年刊載於 Yahoo，https://www.yahoo.com/lifestyle/u-s-life-expectancy-keeps-dropping-alcohol-blame-185004863.html。

11. 出埃及記十六章 23 ～ 26 節

12. 出埃及記十六章 28 ～ 29 節

13. 《為什麼「福樂雞」的營業額比肯德雞還要高四倍？》（Why Chick-Fil-A's Restaurants Sell 4 Times as Much as KFC's），哈利・彼得森（Harley Peterson）著，2017 年刊登於商業內幕。參考連結：https://finance.yahoo.com/news/why-chick-fil-restaurants-sell-193554707.html（連結於 2022 年 5 月 22 日有效）。

14. 《為什麼「福樂雞」的營業額比肯德雞還要高四倍？》，哈利・彼得森（Harley Peterson）著。

15. 第 16 ～ 17 節

16. 第 33 ～ 34 節

17. 見出埃及記十五章 35、36 節

18. 加拉太書四章 4 ～ 5 節

19. 《猶太教入門：安息日》（Judaism 101：Shabbat），翠西・R・瑞曲（Tracey R. Rich）著，參考連結：https://www.jewfaq.org/shabbat.htm（連結於 2022 年 5 月 22 日有效）。

第 6 章

遠離塵囂

放個長假應該是我在工作上最有貢獻的想法，大概也是我
所能想到最有創意的點子。

—— 施德明（Stefan Sagmeister），
舉世聞名的藝術家／設計師

神豈會在意塵土更甚於你呢？這是個很嚴肅的問題，希望你花點時間好好思考一下。你是否認為比起你的福祉與健康，神可能更在意那隨處可見的塵土？

我會這麼問，是因為就好像在前文也曾看過，為了讓以色列人的社會可以昌盛，因此在制定律法並立約要遵守的一些條例時，神有特地制定一些特殊規定，就是農地每七年要休耕一整年。沒錯；按照神的律法，土壤在辛勤、努力產出作物六年後，就可以放上一年的假。我們在利未記第二十五章可以看見：

> 耶和華在西奈山對摩西說：「你要告訴以色列人，對他們說：
> 你們到了我賜給你們的那地以後，地要守耶和華的安息。
> 六年之內，你要耕種田地；六年之內，你要修剪葡萄園，
> 收藏地的出產；但是第七年，地要完全休歇，享受耶和華
> 的安息；你不可耕種田地，也不可修剪葡萄園。你收割以
> 後自然生長的莊稼，你不可收割；沒有修剪的葡萄樹果子，
> 你也不可採摘；這一年，地要完全休歇。」[1]

這裡白紙黑字寫得再清楚不過了。每到第七年，神吩咐說：「這一年，地要完全休歇。」任何一個農夫或是農學家大概都會告訴你，表層土是活的，任何東西只要是活的就一定會需要休息。神在意土壤到一個地步，還會讓它每過一段時間就要休息，以確保不論是過了數十年還是數百年，土質都還是維持一定的健康程度和生產力。這個土地休耕一年的希伯來文是 shmita，這不光是讓土地休息而已，同時也讓負責耕地的

動物有機會休息一下。所以要是你是那對負責犁田的牛，或是背著重物在田地間來回穿梭的驢子，你同樣也有一年的假可以放。

因此我要再問你一次：難道神更在意土地和驢子，而沒有那麼在意你嗎？當然不可能啊！就好像耶穌有次也曾提醒過祂的門徒，對神來說，你們的價值遠勝過空中的飛鳥和田裡的花。[2] 神愛世人，到一個地步祂甚至願意犧牲自己的獨生愛子，只為了能讓你和我恢復與祂之間的關係，並在永恆中享受與祂的連結。是的，神很在意動物和花沒錯，因為祂就是「如此」良善和慈愛，不過祂絕對更在意我們到無以復加的程度。事實上不論是安息日還是「土地休耕」（shmita）的律法，其實都是在表現神的良善與慈愛。神並沒有找祂百姓的碴，而是嘗試在幫助我們呀！

甚至神在告訴這群選民這休耕的誡命時，就講得很清楚了，祂說：「我的律例，你們要遵行，我的典章，你們要謹守，就可以在那地上安然居住。地必出土產，你們就要吃飽，在那地上安然居住。」[3] 順服就必蒙福，只要照著神的法則行，就一定會帶出好的結果。請注意如果順服的話，結果不光是會有豐盛，還可以得享平安。神告訴祂的百姓，他們不光「可以吃飽」，還能夠「安然居住」。

> 如果順服的話，結果不光是會有豐盛，還可以得享平安。

同時，我們靠神、在神裡面、為神或是與神一起做的每一件事都需要信心，這是神最一開始的心意。對亞當和夏娃來說，不要去碰那棵神說不可吃的樹上果子，就是在考驗他們是否願意信靠神。不過大家都曉得，他們沒有通過那個考驗。而就好像我一直不斷地重申，守安息日同樣也需要信心。因此如果要遵守土地每七年當休耕一年的這項命令，前提是得要信靠神，這點應該不會讓我們感到訝異才是。神也有意識到這點，因此他一說明完要怎麼進行休耕後，馬上就點出這個問題。天父早就預料到如果一整年都不撒種、耕種或收割，人們可能會有哪些擔憂和恐懼。因此祂馬上向他們保證「只要」他們順服，就能經歷到供應和保護。祂接著這麼說：

> 「你們若說：『這第七年我們不耕種，也不收藏土產，吃什麼呢？』我必在第六年將我所命的福賜給你們，地便生三年的土產。」[4]

神知道以色列人會擔心萬一他們一整年都沒有種田，那怎麼可能活下去。一整年都不撒種、耕種或是收割的話，可是會一連有好幾年的影響。因為不光是「休耕」的那一年沒東西吃，等到隔年的前大半段時間也還是沒糧食可吃，因為從撒種、耕種到收割還得要花上一段時間。神明白這點，因此給了他們一個很了不起的應許。祂保證到了第六年，祂會讓地生出夠吃三年的土產──不僅滿足在第六年的需要，即便到了第七年的「休耕」年和下個循環頭一年的收割之前，其剩餘的部分都還夠

他們食用。這可是三倍的豐盛祝福呢！

　　不過，只要以色列人還在約旦河東邊的曠野裡紮營，這些教導和應許對他們而言就只是個假設而已。惟有等過了河並實際居住在應許之地後才會真正受到考驗，看看他們是否能夠忠心地照著神的吩咐去行。也只有等到那時候神才有機會看他們是否願意信靠和順服，並決定要不要傾倒超自然的祝福在他們當中。

真正該問的是休耕還是不休耕

　　讓我們花點時間來一起想像：在約書亞的帶領之下，有成千上萬個以色列的家庭進入了應許之地，其中有兩戶人家，我們姑且稱為史密斯家和瓊斯家吧，順便也假設這虛構的兩家人都屬西布倫支派。當十二支派抽籤決定他們各自要負責攻下迦南地的哪個部分，西布倫支派發現自己將要去到迦南地的北部，位在一座大湖的西邊，那湖就是後來的加利利海。西布倫支派的農夫們一聽到這消息肯定非常興奮，因為他們被分配到的可是全迦南地裡最綠油油、最肥沃、灌溉也最充足的區域，這裡可說真是流奶與蜜之地。史密斯家和瓊斯家住的地方是後來被稱為貝特納托法山谷（Beit Netofa Valley）的心臟地帶，這裡是現代以色列的主要糧食產區。在山谷的平地上非常適合種像大麥類的穀物，至於四圍的山丘地帶則是適合種橄欖、杏仁、無花果樹和葡萄的極佳地點。

　　史密斯和瓊斯這兩家人都各自在這一帶開墾了佔地不小的農田，頭幾年他們都在學習怎麼樣讓土地更有生產力，也在適應這個新地方的季

節大概如何變化，一年下來應該在什麼時間點種什麼才是最好的。等到了第六年，史密斯家和瓊斯家都經歷到了自從來到這裡以後最豐厚的收成。感覺就好像他們所有的每一棵果樹、葡萄樹和每根麥稈都結滿了果實和穀物，到一個地步好像重到都要折斷了似的；他們兩家的穀倉是真的滿到都裝不下了。

不過，史密斯家與瓊斯家的故事到這裡有了個轉折；就在第六年快結束並即將迎向來到這片土地後的第七年時，他們兩家人都面臨一個重大決定——到底要不要順服神的指示，讓土地休一年的安息年。

史密斯家族的大家長認為第六年之所以可以有這麼豐饒的成果，都是他辛勤工作和明智的耕種技巧所致。他認定，這樣的豐收想必就是未來的「新常態」。他心想：「種田這檔子事，我已經都摸透了！既然我今年辦得到，鐵定每一年都穩妥了。」這批大豐收不光是夠一家子今年吃，所剩的還多到夠拿去市場賣給其餘十一支派的人。換句話說，史密斯先生看見眼前有個能夠致富的大好機會。不過這也表示既然把那些盈餘的部分都賣掉了，明年——也就是第七年當然就得再栽種囉！再說有什麼好不這麼做的理由呢？他很明顯是位種田大師嘛！他看起來輕輕鬆鬆就做到了。

至於瓊斯先生呢，卻看得出來這第六年的奇妙豐收到底是怎麼一回事——這是神超自然地實現祂要使一年的收成足以供應三年的應許。既然明白了這點，他選擇把那些多出來的部分好好收藏、保留下來，因為他曉得在接下來的一年他必須讓地好好享受它應得的「休耕年」。在地休耕的那一年裡，瓊斯一家人也有機會好好休息，正因為他們沒有什麼

事要忙，因此他們不僅可以好好地休息、恢復體力，一家子的感情也變得更加緊密。當葡萄、無花果和杏桃熟了的時候，瓊斯先生邀請附近的窮人來，看他們要摘多少就儘管摘。同樣，這也是神在吩咐地要守安息年時的指示，不過能夠幫助到那些在掙扎中的人感覺也是挺不錯的。也因著瓊斯先生善待了那些窮人，神就更大地祝福了他和他的全家。那一年所生產的其餘作物最後就直接落入地裡，為土壤施肥和增添了養分，動物們也自由地在他的地上吃草，這使得土地變得更肥沃。

> 他們不僅可以好好地休息、恢復體力，
> 一家子的感情也變得更加緊密。

一年後，史密斯先生很失望地發現，原來第六年的豐收並不如他所以為的是新常態，第七年地的產量比前一年要少得多。那一年的收成剛好夠他們自己食用，因此完全沒有剩餘的可以分給窮人。相反地，瓊斯先生家的田、果園和葡萄園在休耕了一年後，收成仍是非常豐盛。

讓我們把時間再快轉五十年：史密斯家和瓊斯家的後代子孫分別經營他們自己的田。不過史密斯家的土壤十分貧瘠——幾乎所有養分和礦物質都被耗盡。這幾十年下來，他們的收成一年不如一年；然而他們同時也看見瓊斯家每年都還是有大豐收，包含眼睜睜地看著他們每隔七年都會讓該年長得好好的水果、堅果、穀物和蔬菜直接爛在樹上和田裡。

兩家人、兩個不同的決定，帶出了完全的兩樣情。就本質上來說，

其實是在貪婪與恩典之間做選擇。史密斯先生選擇了貪婪，他忘了當年在他們進入應許之地時，摩西要他們記得那一件事：

> 「你要謹慎，免得忘記耶和華——你的神，不守祂的誡命、典章、律例，就是我今日所吩咐你的；恐怕你吃得飽足，建造美好的房屋居住，你的牛羊加多，你的金銀增添，並你所有的全都加增，你就心高氣傲，忘記耶和華——你的神，就是將你從埃及地為奴之家領出來的，引你經過那大而可怕的曠野，那裡有火蛇、蠍子、乾旱無水之地。祂曾為你使水從堅硬的磐石中流出來，又在曠野將你列祖所不認識的嗎哪賜給你吃，是要苦煉你，試驗你，叫你終久享福；恐怕你心裡說：『這貨財是我力量、我能力得來的。』你要記念耶和華——你的神，因為得貨財的力量是祂給你的，為要堅定祂向你列祖起誓所立的約，像今日一樣。」[5]

瓊斯先生則選擇了要恩典；他選擇信靠神的良善與信實，結果是他因此經歷到極多的恩寵，包含享有超自然的祝福、延續不斷的豐盛和身體的健康。

相信我們已經都明白，守安息日對今日的我們來說仍然蘊藏著智慧，不是從律法的角度，而是以一種能夠帶來生命與祝福的方式看待。因此對我們這些現代人來說，有沒有什麼方式可以來實踐舊約裡這「休耕」的律法呢？即便我們都沒有種田？讓我們一起探討這個問題吧！

> 守安息日對今日的我們來說仍然蘊藏著智慧。

休長假的大能

　　毫無疑問地，每七天休息一天是件很重要也很有大能的事。不過倘若我們想要完全體現神對於休息的智慧，就得再跨出下一步。有發現嗎？神讓以色列人不光是守安息日，也還要有「休耕年」。因此現今的我們，應該也要兩者兼具才是。

　　過去在聖經中會讓土地每七年休息一年，其實長久以來在我們的文化中也有相對應的做法。或許你曾聽過某位朋友或是熟人──或者是在學術界裡的某個人──聊到要休（學術）假（sabbatical）。

　　想必你有注意到，這個字與安息日（Sabbath）還挺像的，這點可是其來有自。英文的「sabbatical」（休假）其實就是源自希伯來文的「shabbat」這個字，而在這中間這個字又被轉譯為拉丁文 sabbaticus 和希臘文 sabbatikos──基本上這幾個字都有休一段長假的意思。沒錯，現代人講到休長假的概念其實就是源於聖經裡「休耕年」的這項做法。

　　不過這年頭很少人有辦法休一整年的假，至少他們不覺得自己可以。公司老闆們或是那些自營承包商更會覺得，光是想到每七年要有一整年都不工作，這念頭簡直太瘋狂了。

　　施德明當時也是這麼想的，不過等他自己改變主意並實際嘗試過

後，就不再這麼想了。施德明這位非常有天分的藝術家和設計師於 90 年代在紐約市開了一間當紅的設計公司，他很有名，除了因為他是名當代藝術家之外，也因為他為許多音樂界知名的大人物設計專輯封面和演唱會海報。隨著每年業界的需求不斷增加，他的作品產量也逐年大幅增加。可是到了 1999 年，他感覺自己的創作不再像過去一樣富有新意，所有的作品不過是把同樣的點子換個方式重新包裝，而不再具有真正創新的概念。因此，在 2001 年，他做了一件大部分自己開業的人都難以想像的事，就在他花了幾個月的時間省吃儉用和存了一筆錢之後，他把自己的公司關了整整一年。他就這樣把門一關，人就去到東南亞遊蕩了一年左右。

施德明在 2009 年一場非常出名的 TED Talk 演講中談到了這個決定，當時他演講的題目是「休假的力量」（The Power of Time Off）。演講中他自己承認，其實他曾想過自己是否做了一個糟糕透頂的商業決定。他不確定自己的客戶是否會在他休假的時候去找別人合作，也不曉得設計界會不會自此忘了他這個人的存在。他很害怕自己會失去這些年來努力打造的進展，或是不再有繼續前進的動力。不過，其實有另一件事更讓他害怕，他怕自己無法繼續做出能讓自己感到驕傲的作品。因此他讓自己的客戶和工作夥伴曉得，他即將要讓公司關門一年，然後他就去放大假了。

施德明的經歷聽起來簡直奇妙得不可思議，在看到不同的景色和好好休息之後，他整個人活了過來。他總是隨身帶著素描本和筆，也發現自己不論去到哪裡，都有源源不絕的點子。這個經驗使他整個人都變了，

當他又回到業界時，他對這行充滿了創意和熱情。所有的客戶全部都回來找他，而他交出的作品也比過往都還要好。事實上，他才回來沒多久，他為「臉部特寫」（Talking Heads）搖滾樂團設計的專輯封面，就拿下了一座葛萊美獎，同年又贏得了國家設計獎。在 TED Talk 演講的最後，施德明列出了第一次休長假所帶給他的正面影響：

- 我的工作又再次成為我的呼召
- 非常地享受
- 就長遠來看，這對財務有益
- 自從休了第一年的安息長假之後，我們在接下來七年
  的設計，所有的發想都來自那一年 [6]

就我所知，施德明既不是猶太人也不是基督徒。不過，就因為他敢放一年之久的安息長假，神話語中一項古老的智慧法則——也就是休耕的法則即開始在他生命中發揮功效。直到如今，他仍是會這麼做，每到了第七年的時候，他就會放下一切並去到一個從未去過的地方住上一年，讓自己好好休息、充電和被更新。2014 年某次受訪時，他對採訪者這麼說：「放個長假應該是我在工作上最有貢獻的想法，大概也是我所能想到最有創意的點子。」[7] 事實上，神的智慧法則對任何人來說都適用，就連不信祂的人也是，只不過未信者就無法連帶經歷到神超自然的大能和供應。

我彷彿可以聽見各位腦中閃過的念頭：「莫里斯，你是在開玩笑吧？
我都還沒想通到底一個禮拜怎麼可能休息一整天了，然後你現在還告訴
我，每隔七年要休一整年的假？！」

呃，其實不是。如果你曉得這不是我的意思，你們大概就會鬆一口
氣。（雖然如果你可以辦得到的話，我相信因著神超自然的大能和祝福，
那帶給你的好處絕對會比施德明所經歷到的還要更多。）

不過，很明顯地，我們當中鮮少有人能夠休一年的假，尤其如果我
們有家庭要養，或者我們這些當員工或是作老闆的人——基本上，就是
大部分的人——真的很難整整一年什麼事都不做。因此，你和我到底在
這二十一世紀的年代裡，要怎麼把這個安息長假的概念套用在我們的生
活中呢？好消息來了：這是辦得到的！

不只是放假

請在一開始就提醒自己，我們是要依照一個法則去行，而不是為守
某條律法。「休耕」的法則是如果每隔一段時間讓自己不事生產並放個
長假，會使自己的身心靈經歷到具有極大能力的恢復——就好像農地的
土壤，會因為有段休息的季節而恢復一樣。還記得當我好幾年都沒有好
好守安息日，最後我再也撐不下去，是靠休了八週的長假才好不容易恢

復正常。

　　自從我休完那段長假並重拾健康後，我們就在 Gateway 教會為傳道同工們制定了一個休假政策。我們的傳道同工每七年可以休六個禮拜的給薪假，這段放假期間，會極力地要求他們完全不碰事工，並且要去做任何可以重新得力和養精蓄銳的事。容我重申，我明白並不是所有人都有辦法可以連續六週不工作，不過，哪怕是可以連續一週或兩週都好，如果每幾年可以讓自己有段時間好好地休息，其效果恐怕會出乎你意料之外。

　　各位請務必明白，我所講的並不是放個假那麼簡單。老實說吧，按照許多人放假的方式，去放假可能會把他們搞得比上班還累。你聽過多少人這麼説過：「放假太累了，我需要再多放點假來休息一下！」或許講這話的人就是你。

　　接下來，我們會發現，休長假有點像放假，但又跟放假不太一樣。不過如果放假——即便是很累人的那一種——至少會讓人看到不一樣的風景。但是我們當中有許多人根本連假都捨不得放了；有越來越多的人或是有不斷增加的趨勢，美國人因為過於渴望成功，明明有年假卻都不肯放，這是個不爭的事實。

　　美國旅遊協會進行了一個名為「美國度假現況」（Project: Time Off）的研究調查，統計發現美國境內的公司行號和其他機構的員工，一共累積了等值於兩千兩百四十億美金的假期沒有放。光是從 2014 年進到 2015 年，員工們就又多增加了相當於六百五十六億美金的假沒有放掉。[8] 此項研究還提出了另一項更驚人的統計數字：

從 2000 年到 2013 年，員工平均休假時數逐年降低，從每年 20.9 天到僅剩 16 天（在其他國家，每年有長達 41 天的假），因此，最後有許多員工沒有用到的放假時數累積到相當可觀的量。這樣的情形在員工數量為 100 到 499 人的中型企業最為嚴重，這些公司的員工累積的平均天數為每人 7.6 天。[9]

乍看之下，員工都沒有休年假的這個趨勢可能看起來像是公司賺到，然而事實不是如此。有越來越多的公司發現當員工累壞、壓力過大、筋疲力竭、頭腦不清楚、情緒很脆弱的時候，對於生產力和效率並非好事。比方說，美國旅遊協會一份名為「美國人太少休假：各州州內的休假情況」的特別報告中發現，員工如果把大部分的假花在旅遊上，會明顯地比其他不常或甚至根本不太旅遊的員工還要愉快。根據報告指出，任何有把大部分休假時間拿去旅遊的美國人，對自己人際關係的愉悅度提高兩成，對於自己身體健康和福利也有比那些幾乎不太旅遊的人還要高出百分之五十六的滿意度。[10]

我們整體的文化到底有多失衡，才會連待在家裡有錢拿都不要？就算我們真的休息一個禮拜不上班好了，大部分的人仍覺得自己有必要不時看一下電子郵件，或是盯著進度，好像如果不這麼做的話，等到回去上班大概就會發現進度嚴重落後！但是我要再說，光是放假不是解決之道，我們需要守安息日（shabbats）也需要休安息長假（shmitas）。休安息長假也不僅僅是放假而已，而是把好幾個安息日串在一起；安息長假是指讓自己有一段夠長的時間可以享受寧靜、靜下心、休息、反思、

禱告，以及與神和祂的話語團契。基本上，就是有一連好幾天這樣的時間，帶著期待刻意地讓自己什麼事都不要做。

> 安息長假是指讓自己有一段夠長的時間可以享受寧靜、靜下心、休息、反思、禱告，以及與神和祂的話語團契。

修正版的安息長假

在 1980 年代，是微軟開始崛起成為全球的科技巨擘，該公司的創辦人兼執行長比爾・蓋茲發現，每年如果能夠暫時遠離塵囂和個人獨處一週左右，是非常具有力量的一件事。蓋茲每年都會去到位於華盛頓州外一座小島上的小木屋，那裡人跡罕至必須搭乘水上飛機才能抵達。那幾週的時間，讓他能夠稍微遠離世俗，不用再像個陀螺般地不停開會、做決策、注意每天日常中的各樣細節，也不用再一直想著大方向。在那段時間裡，他可以更專注地深思和廣泛閱讀。他和旗下的高階主管稱這段每年可以稍微喘口氣的時間為「思考週」，有位作者這麼寫道：

> 1995 年某次在著名的思考週裡，蓋茲意識到網路對於微軟未來經營的重要性；後來又經過了幾次的思考週，某次他一回來，就當機立斷決定微軟要開始發展網頁瀏覽器、平板和線上遊戲。後來微軟其他高階主管和許多矽谷各大公司也

都效仿並開始休思考週。[11]

　　比爾・蓋茲和其他人可以說是誤打誤撞地經歷到某項管用的屬靈原則，但要是在休安息長假的同時，可以再加上聖靈的這個元素，那就會更加具有大能。我正好認識某位非常成功的基督徒企業家，他自己從好幾年前起就開始這麼做。事實上，他甚至會告訴你，他之所以可以在事業上如此成功，最主要的原因就是因為他有好好地休安息長假。

　　我這裡所講的是史蒂夫・杜林（Steve Dulin），他正好是我的一位好朋友，同時也是創辦 Gateway 教會的長老之一。史蒂夫自己開了一間商業建築公司，並看著這間公司如何在二十年間以驚人的速度成長，他的公司不管以什麼樣的標準來評估都非常成功。就在這個快速成長過程中，他開始受邀去到基督徒創業家和企業家的團契中分享，談到自己如何以合神心意的方式使公司成長茁壯；這後來成為了一個獨立的事工，而這個事工的宗旨就是「……訓練領袖和企業人士能夠有效地將聖經原則運用在個人的生活和工作上，好叫他們能夠盡可能地獲得最大成功並為基督在世界上發揮影響力。」[12]

　　幾年前，他感覺神告訴他要把自己的公司賣掉，並開始進入全職服事。我不論是在《蒙福人生》和《超越蒙福》這兩本書裡，都有用史蒂夫和他太太的故事來說明該如何作好管家。不過，我從來沒有分享過他為什麼總是能夠做出非常有智慧的商業決策，其實最大的祕訣之一，就在於他都會休安息長假。史蒂夫對於提倡固定要休至少一週以上的假，讓自己可以獨處且不被日常工作打擾，或是牽著鼻子走，可是非常富有

熱情，也頗具說服力，他所倡導的與比爾 · 蓋茲的「思考週」又有些不太一樣，因著有神同在的這個元素在當中，就更具有無限的大能。

　　史蒂夫的見證是在他發現了休安息長假的大能後，他開始在自己的年度行事曆中，安排每年有至少一到數次的長假。這些時間在他看來是他為工作和家人能做的最重要的事，他會在偏遠、與世隔絕的地方訂一個小木屋，並確保要有可以散步的空間，那一整個禮拜裡，他並不想要看見人或是聽見任何人的聲音，他只想單單聽見他自己和神的聲音。不看電視，不接電話，也沒有任何 3C 產品。

> 那一整個禮拜裡，他只想單單聽見他自己和神的聲音。

　　史蒂夫會告訴你他所有最棒的想法、最清楚的異象、最重要的判斷，或是最有智慧的決定，都是因為有這段與神相處的安息假期才有可能做到。現在史蒂夫逢人就會不藏私地分享他的祕訣，經他同意在此與各位分享如何把安息假休好休滿的十八項要訣：

1. 提前一週左右，開始預備休安息長假；包含有意識地放慢自己思考的節奏，好讓自己可以預備把焦點轉向主，而不是一直定睛在工作、專案和處理問題上。
2. 攜帶足夠的紙、筆、鉛筆和螢光筆（可帶可不帶）。
3. 試著在休安息長假的同時禁戒某樣東西；禁食能夠使

你的靈對神更加敏銳，若是可以，請在休假前一天開始禁，作為其中一部分的預備工作。

4. 帶夠保暖衣物；禁食總是會讓你感覺比平常還要冷。

5. 大量喝白開水，好把禁食所排出的毒素通通排除乾淨。

6. 當你正式開始休安息長假時，為你的房間禱告，並將此次的安息長假獻給主。求主來並邀請聖靈充滿你所在的房間裡。

7. 試著專注在主身上；我自己會避免讀報紙、雜誌或看電視。可以帶幾本書，不過盡可能地越少越好，因為有時候埋首在書裡，時間很容易一不小心就「過了」。

8. 利用這段時間與神建立關係。有些人在與主的關係上走得比我們更前面，讀他們所寫的書會有所幫助，因為從他們身上我們可以學習如何更靠近主。不過，也容我再提醒一次，這個部分我會盡可能佔越少時間越好。

9. 去休安息長假時，請不要照既定的時間表按表操課，而是要禱告照著神的時間表進行。這個用意不是要從神那裡有所得，而是單單花時間與祂在一起。

10. 這段時間一般來說，不適合就某個主題進行深度研經，因為這很花時間，也會使你無法好好專心花時間與神相處或是聽見祂說話。

11. 盡可能減少與外界的聯繫；我自己是每兩到三天與我的家人報個平安，也避免與人談話。

12. 定期離開一下你的房間；我喜歡白天花一段時間安靜地

散步，有時候也會在晚上去散步。偶爾花點時間從事讓你先不去想安息假的活動也不是什麼壞事，只要時間不要過長即可。

13. 在休安息假的一開始，就列出一份空白的待辦事項清單。每當你想到某件在工作上或是家裡該做的事項、就趕緊寫在這份清單上，這樣你就不需要再花時間去想這件事，也不用努力記下來。

14. 在這段安息假期中，求問主是否希望你去專注某個特定的領域。我通常會在一開始求主向我顯明自己生命中還沒有意識到的罪。

15. 寫下或預備一份禱告清單，列出自己或他人生命中的特定需要，好讓你可以去為這些事情禱告。同時也會保留一些空間，如果主對我講到任何人或他們的需要，我就會寫下來。

16. 關於神對於組織機構的心意，如果我有感受到主特別想要談我生命裡的某個主題（可能是事工、關係、家庭、待辦事項、工作等），我會分別寫在不同的紙上。我也會把這些紙按照主題分門別類地放進資料夾裡，這樣，之後如果主又再對我說了什麼，就可以比較容易找到那個主題並記錄下來。另外也有一個「安息（年）」的一般性主題，如果神對我說的話如果沒有特定主題，就會記錄在那裡。

17. 問主祂在接下來這一年裡想要做什麼，並運用你在這段安息長假裡所得著的成果，來指引你在進入下一次休安息假之前所走的每一步。

18. 不要想靠自己的努力去聽見神說話。降服自己的意念在祂的旨意之下，求祂來對自己說話，並來帶領和指引你。比起你渴望聽見主說話，祂更渴望要來對你說話。

為你最重要的關係休安息長假

Gateway 領袖團隊裡還有另外一位重要成員也很懂得怎麼用一個不同的方式來休安息假，就是「今日婚姻」全球婚姻事工的創辦人，同時也是我們教會的創始長老之一吉米‧埃文斯（Jimmy Evans）。他建議已婚夫婦應該定期一起休安息長假和做類似的事情。

吉米了解這箇中之道，因此他也教導若是夫妻可以領受共同的異象和一起聆聽神的話語時，就能夠擁有更穩固的關係，並建造更健康和昌盛的家庭。而要做到這點的最佳方式就是定期進行專屬夫妻兩人的一種休安息假的方式——「領受異象休假」。吉米這麼寫：「多年下來，我每年都會花時間進行領受異象的休假，我和凱倫都可以告訴你，這絕對會是你為自己的婚姻和家庭所能夠做的一件最有力量和產值的事。」[13]「今日婚姻」有製作一本簡介手冊，希望幫助夫妻在參加領受異象的休假前可以好好預備，以及確保能夠從中獲益良多。手冊裡鼓勵夫妻在休假中，要盡可能地多多包含下列這些環節，或者最好是每樣都做到：

· 禱告（兩人一起禱告，也為彼此禱告）
· 研經（可以透過靈修文章，或是完整地一起研經）

- 靈修筆記（寫下神對你們夫妻倆所說的話）
- 有趣（一起做你們兩個都很享受的事）
- 浪漫（刻意和用心去為你們關係中的熱情點火）
- 溝通（要講話！哪怕你天生的性格並不是一個愛講話的人，照講不誤！）[14]

如果你已婚，如果能夠從日常生活的繁忙和壓力中稍微抽離一下，與自己的另一半在一個安靜的地方獨處幾天的時間，想像那對你們的感情會有多大的幫助。這類的安息長假尤其具有能夠使你們關係加溫的能力，更重要的是，你們雙方將有機會一起聽見神說話。就好像你個人不時地會需要充電和重新得力，你最重要的關係也需要。

> 就好像你個人不時地會需要充電和重新
> 得力，你最重要的關係也需要。

在你們夫妻一起休安息長假的過程中，神非常可能會對你說出關於你們家的方向和異象。祂將會賜給你神聖的目標，並讓你有屬天的策略知道如何達到。你也將會在財務、孩童教養、工作和許多事上洞燭先機和有明確目標。此外，你還會與自己的另一半以未曾想過的方式彼此對齊。

不論你是單獨或是與另一半一起，休安息長假非常具有大能——尤其如果你讓神參與在其中。

釋放超自然創意

耶穌只有三年的時間可以服事；正如在四福音書裡所讀到的，那不論對誰來說都是極為忙碌和壓縮的三年。祂在以色列全地不停來回穿梭，去到各個村莊和猶太會堂裡傳講、教導和醫治病人。[15] 除了一直曾有人想要找耶穌之外，祂無論走到哪裡身邊總是圍著一大群人，祂所面對到的屬靈爭戰雖然肉眼看不見，但想必是遠超過你我所能想像的地步。就算說人類歷史上沒有任何人像拿撒勒人耶穌一樣，走過那麼吃力和累人的這三年，這個說法實在一點都不誇張。

這就是為什麼值得注意的一個有趣的點，耶穌在準備出來服事前就先去休了一個長假。在祂受洗之後，神的靈帶領祂獨自一人去到位於猶大東南方的曠野裡。我們也曉得耶穌這四十天的安息長假裡，祂同時還進行非常極端的禁食。祂這麼做很合理，因為祂接下來就準備要進入有史以來最為極端的宣教工作了——使全地蒙救贖。

不過，即便在那第一次的安息長假後，在四福音書裡，我們可以看到耶穌經常會自己一人抽身去與神獨處。好像當壓力和需求越來越大的時候，耶穌就會更加謹慎地找時間和方法去與神獨處；從這裡我們可以學習非常重大的一門功課。

如果連耶穌都需要讓自己可以喘口氣、抽離，並找到一個安靜的地方與神獨處，可見這有多重要，而且我們豈不更該照做嗎？當有這層認知再去讀四福音書的時候，你就會發現幾乎每一次只要耶穌退到山上去一段時間，等祂回來的時候總是會帶著全新的方向、見解，或是知道接

下來即將發生什麼事。

　　若是與我們現今的生活兩相對照，就會發現我們大部分的人，漸漸地已經習慣自己的精神量表常常處於耗弱到幾近於零的狀態，習慣到一個地步，我們也不覺有異，甚至還將這狀態稱為「腦霧」（brain fog），也或者當我們很容易忘東忘西或無法專注，就推託說都是因為年紀大了。我們覺得自己不再像以前那樣有創意和具有新意，不過同樣地，都還是怪罪於年紀漸長或是單純「太忙」。

　　事實上，神造我們每個人都是有創意的。富有創造力其實是說明我們擁有「神的形像與樣式」的主要方式之一，因為祂是造物主，而你又是按著祂的形像受造。然而最大的悲劇就在於，現代人幾乎沒有在休息的生活模式，最終將會從我們身上奪走這項最不平凡的天賦。這就是為什麼休安息長假這麼有效和如此重要。除了它所能帶來的許多祝福與益處之餘，它還能夠恢復和提升你的創意力。

　　▎*神造我們每個人都是有創意的。*

　　你是否曾經想要記起某件事——可能是個人名、某首歌名或是某個演員的名字——可是當下不管怎麼想都想不起來？但可能過了幾分鐘就在你快要放棄時，答案又突然浮現在你腦海？類似的情況也很常發生在當面臨一個感覺相當棘手的難題，你想了又想，絞盡腦汁、費盡心力，直到腦筋都快打結了，但就是好像沒得解。可是等到隔天早上一醒來，

卻馬上曉得到底該怎麼做好，那答案簡直就像個霓虹燈告示牌不斷地在你面前閃爍。如果光是讓自己稍微安靜、抽離，或休息個一時半會兒，就能夠帶來那樣的突破，那你想想看，要是可以把時間拉長，對你的思緒將會有多大的幫助呢？

底下請誠實作答：當我在前文描述理想的安息長假該怎麼休好，以及分享了史蒂夫・杜林講到休安息長假的那些指導方針，你是否忍不住想說：「呃⋯⋯那聽起來超無聊的！」應該有吧？

我明白為什麼你會這樣想，不過，這反倒是為什麼安息長假會這麼有效的原因之一。我們現在總是接受過多的刺激，因此大腦學會等著持續不斷地接收資訊——而且是同時間從四面八方而來，事實上，我們很容易就會沉迷於持續被轟炸。因此沉默反倒會讓我們手足無措，安靜⋯⋯簡直叫人坐立難安。不過就連普羅大眾或是科學界也已經開始明白，按照我們的受造如果希望發揮出自己最高的效能，其實是需要定期有段長時間的安靜、靜默，或甚至到感覺無聊呢！

2017 年 7 月線上科技《石英》（Quartz）雜誌裡有篇標題名為〈手機上癮症狀閃邊去，看我怎麼重新訓練大腦享受無聊〉[16] 的文章，作者喬丹・蘿森菲爾德（Jordan Rosenfeld）在文章裡分享隨著智慧型手機的問世，她自己怎麼越來越仰賴手機，並且一步步地榨乾了她生活中所有用來安靜、反思和「感到無聊」的那些時間：

> 很快地，我從來沒有一刻感到無聊：不管是在郵局
> 裡、在超市，或是等換機油的時候。這些彷彿都不再是問題

了——直到我發現內心有種說不上來的雜亂感，以及在寫作上也很明顯地不再那麼有創意靈感。我是某天在開車的時候突然想到：我已經幾乎沒有讓自己閒閒沒事做過，我忍不住想那對一名作家來說——或是對任何從事創意工作者而言，到底具有多大的殺傷力。於是我開始深入研究無聊這件事會帶來什麼意外的好處。

> 能夠與神交通是世上最令人感到如沐春風的一件事了。

後來蘿森菲爾德發現許多研究都指出，讓自己有段時間沉澱和無所事事（也就是「無聊」）與創意突破之間是有關連性的。很明顯地，我們需要讓自己的頭腦安靜和沉澱——處在一個不會受到外界刺激的狀態哩，也可能會被形容是感到無聊——好讓自己的思緒可以發揮最高效能，而那正好就是守安息日和休安息長假能夠帶給我們的。施德明說：「任何從事『思考』或是需要想出點子的工作，都會因此（休安息長假）而獲益。」[17]

況且這些都還沒有把神的這個因素考量在內，可以想像一下，如果你不光是讓自己的身體與心靈好好地休息，同時也邀請神的靈來充滿和對你說話，那肯定會帶來更大的助益吧！能夠與神交通是世上最令人感到如沐春風的一件事了，那真的就像在吃生命樹上的果子一樣。接下來，請用這樣的心境，以一個全新的眼光來讀詩篇二十三篇的頭幾句經文。

讓我們看看英文的 Passion 版聖經是如何呈現這段大家很熟悉的經文：

主耶和華是我最好的朋友，也是我的牧者；
我有的永遠都比剛好夠用還要再更多。
祂讓我在祂奢華安逸的愛中有個可安歇之處，
順著祂的路徑，我來到一個既平靜安穩的地方，福分不斷
地如溪湧流。
在那裡我感覺自己被祂恢復、重獲新生，
祂為我開道路，好讓我可以進入神的喜悅
並帶領我順著祂公義的步伐前行
好叫我能夠使祂的名被尊崇。[18]

　　花時間與神獨處，就必會經歷這一切。在耶利米書裡，就在準備要宣告有天隨著耶穌的到來新約將自此展開之前，祂說：「疲倦的人，我必使他振作。」[19]

　　我們的天父就是如此，一旦祂的同在臨到，就必會如此行。

注　釋

1. 利未記二十五章 1 ～ 5 節（新譯本）

2. 見馬太福音六章 26 ～ 28 節

3. 利未記二十五章 18 ～ 19 節

4. 利未記二十五章 20 ～ 21 節

5. 申命記八章 11 ～ 18 節

6. 「休息的力量」，施德明，2009 年，Ted. Com；參考連結：https://www.ted.com/talks/stefan_sagmeister_the_power_of_time_off（連結於 2022 年 5 月 29 日有效）。

7. 《用心休息：休息是一種技能─學習全方位休息法，工作減量，效率更好，創意信手拈來》（Rest: Why You Get More Done When You Work Less），方洙正（Alex Soojung-Kim Pang）著（大塊文化出版，2017 年）；原文書第 224 頁。

8. 《未放假期累計時數的潛在危機》（The Perils of Unused Vacation Time），法蘭・豪沃斯（Fran Howarth）著，2018 年刊登於 Spark；參考連結：https://www.adp.com/spark/articles/2018/07/the-perils-of-unused-vacation-time.aspx（連結於 2022 年 5 月 29 日有效）。

9. 《未放假期累計時數》，豪沃斯著。

10. 《美國人太少休假：各州州內的休假情況》（Under-Vacationed America: A State-By-State Look At Time Off），美國旅遊協會編著，2018 年出版；參考連結：https://www.ustravel.org/research/under-vacationed-america-state-state-look-time（連結於 2022 年 5 月 29 日有效）。

11. 《用心休息：休息是一種技能──學習全方位休息法，工作減量，效率更好，創意信手拈來》，方洙正著（大塊文化出版，2017 年）；原文書第 225-226 頁。

12. 《歷史、宣教和異象》（History, Mission & Vision），Masterplan Business Ministries（職場宣教事工）；參考連結 https://www.masterplanministries.org/history-mission-vision（連結於 2022 年 5 月 29 日有效）。

13. 《登峰造極的婚姻：領受異象退修會手冊》（The Mountaintop of Marriage: A Vision Retreat Guidebook），吉米和凱倫・埃文斯合著（2008 年由今日婚姻出版）；原文書第 4 頁。

14. 《登峰造極的婚姻》，埃文斯著；原文書第 4 頁。

15. 馬太福音九章 35 節：「耶穌走遍各城各鄉，在會堂裡教訓人，宣講天國的福音，又醫治各樣的病症。」

16. 〈手機上癮症狀閃邊去，看我怎麼重新訓練大腦享受無聊〉（I Kicked My Smartphone Addition By Retraining My Brain to Enjoy Being Bored）；參考連結：https://qz.com/1020976/the-scientific-link-between-boredom-and-creativity/?utm_source=pocket&utm_medium=email&utm_campaign=pockethits&cta=1&src=ph（連結於 2022 年 5 月 29 日有效）。

17. 「休息的力量」，施德明，2009 年，Ted.Com；參考連結：https://www.ted.com/talks/stefan_sagmeister_the_power_of_time_off（連結於 2022 年 5 月 29 日有效）。

18. 詩篇二十三篇 1 ～ 3 節（直譯自英文 Passion 版）

19. 耶利米書三十一章 25 節（新譯本）

第 7 章
優先次序

關鍵不在於看行事曆來決定執先執後，而是要排出時間去做你所看重的事。

—— 史蒂芬・柯維（Stephen Covey）

在我所處的世界這一端，大家非常看重達拉斯牛仔隊這支美式足球隊，是真的非常非常地認真以待。沒錯，我知道不論走到哪裡球迷大概都是如此，不過我有些德州佬朋友對於牛仔隊的著迷程度常常都已到了只差一步就變成偶像崇拜。

相信這故事有助於各位了解這個事實：有個人去看牛仔隊年度首場比賽，當天的門票一票難求，卻發現坐他前面的一個女人旁邊居然有個空位，而且她從頭到腳都穿著代表牛仔隊的銀、白、藍標準色。中場休息的時候，他問了那名女子為什麼她旁邊的位子是空著的。「那是我丈夫的位子，」她解釋道：「只是他過世了，我們以前絕對不會錯過任何一場主場比賽。」「很遺憾聽到他過世了，」那個人回覆她：「可是難道不能找個親戚陪妳一起看球賽嗎？」「沒辦法。」她聳了聳肩：「他們都堅持一定要去參加他的喪禮。」

每個人都有自己的優先次序；就好像用錢一樣，我們也是會把時間花在自己最看重的事情上。以前大家都還習慣開支票的時候，我常會說：「只要讓我看看你支票簿的開票記錄，我就可以知道你最看重的是什麼。」這點同樣也適用於個人行事曆，不過問題是，很多時候我們看重的卻不一定是該看重的東西。

如果你還記得史蒂芬・柯維講到「大石頭」的那個舉例，從那裡我們學到如果不先把大石頭放進去，之後就再也放不進去了。由此可知，如果你想要讓守安息日成為日常生活中的一部分——希望你至此有理解到，自己確實應該這麼做——你就應該把它視為當務之急。不過，該怎麼做呢？可能有很多不同的身分讓你忙得團團轉——包含配偶、父母、

兒女、家中經濟支柱、朋友、教會會友、志工，可能還有很多其他身分——每一個身分都有隨之而來的需求，不斷地吵著要你注意它們。如果你還在等行事曆會神奇地自動生出時間讓你休息，基本上，是不可能會發生的。有這麼多大大小小的石頭都爭先恐後地想被放進瓶子裡，到底要怎麼確保自己有優先處理代表休息的這顆「大石頭」呢？

　　我個人的著作《超越蒙福》主要講到怎麼作合乎聖經的好管家；我在書中有向讀者們提出一個有助於成為錢財好管家的特殊工具——做預算。我這麼寫道：

> 　　預算基本上就是反映出個人價值觀與目標的詳細計畫表，大部分的家庭都沒有在為自己期待達到的目標制定計畫。預算如果做得好，就像是一份可以幫助你達成目標的路線圖。[1]

　　如果要更好地管理好時間，這裡同樣也有一個你可以運用的簡單工具，如果你選擇用它的話，就是俗稱的行事曆。史蒂芬・柯維在他的經典著作《與成功有約——高效能人士的七個習慣》（The 7 Habits of Highly Effective People，天下文化出版）一書裡，有句經典名言是：「關鍵不在於看行事曆來決定孰先孰後，而是要排出時間去做你所看重的事。」換句話說，你最想要達成的重要目標，不能只是放在心裡想想而已，除非你確實把它排入你的行程表，不然，一切都「不算數」。

　　安排時間去做重要之事，不僅僅是把那些要事排入待辦事項而已，

這樣的清單通常不會設有完成期限，因為它們不像是與人有約，可以在行程表或行事曆上安排一個時間。不會，待辦事項清單上的事情一旦完成，就會從清單上刪除，這樣的清單有助於你按照個人價值觀來決定哪些是要事，但是光有一份清單是不會自動排好「時間」的。

行事曆就是可以幫助你把時間管理好的預算表；大部分的人對於自己的行事曆常常不過是用來記錄什麼時間跟人碰面和開會。而這些行程大都集中在週間的早上八點到下午六點，不過事實是，世界會等不及要填滿所有還沒有約的空白之處。

我曾經聽過我的某位牧師朋友問了一大群牧者：「如果由神掌管你們的行事曆，你們會怎麼運用自己的時間呢？」他接著繼續指出，行事曆是能夠幫助我們成為渴望成為的「那個人」的主要工具。他還舉了接下來的例子：如果你期望自己一年後可以成為更好的父母，可不可以讓我看看你會怎麼安排自己這一年的行事曆？讓我看看你會怎麼事先排開時間，刻意專注在你的孩子身上，就好像那是一個重要的工作會議。如果沒有事先排好，就不能算是真正的目標，充其量只能說是個用意良善的……願望罷了。

> 如果沒有事先排好，就不能算是真正的目標。

換言之，就好像我的那位朋友所給我們的明智提醒，你的行事曆或

是行程表應該要明確且忠實地反映出「你想要成為的樣式」，而不只是塞滿那些「你想要完成的事」。把事情排入行程表，具有很重要的意義且能夠使一切啟動，那將使事情不再停留在假設層面，而是進到實際的層面，在你行事曆上的事情都將一一實現。

我有個朋友是位成功的作家，也出了不少的書，許多嚮往成為作家的人都會來諮詢他意見，想知道該從哪裡開始好。幾乎每個禮拜都會有人對他說，他們知道自己裡面「有本等著要被寫出來的書」，卻不曉得該怎麼寫下來好。很明顯，他們不停地在找尋著某種奇妙、神奇的祕密或是把戲，好像只要是作家就一定會知道似的。而他的建議總是過度平凡的簡單，他往往會告訴對方：「作家就是要一直寫作，因此開始每天騰出時間來寫作吧。等到了排定的寫作時間，就是把屁股黏在椅子上，坐在鍵盤前開始把一個個的詞彙編排成句子。」這其實是換個方式在說，從你的行程表應該能夠看出來你想要成為一個怎樣的人，以及你渴望完成什麼樣的事。世界上最成功的小說家之一就是這麼做的，當年約翰‧葛里遜（John Grisham）還是名執業律師，但他裡面一直有個想寫科幻小說的渴望，有一天，他拿出自己皮革封面的每日計畫本，並在行事曆的某個區塊寫下了「寫！」字。當他一這麼做的時候，寫作就從只是個「願望」變成了有時間表的「命定」。

休息也是如此，如果你想要成為一個休息足夠且精力充沛的人——就是認同並尊榮守安息日原則的一個人——那麼你就必須堅守住可以「好好休息」的這個約。我已經形容過幾十年前我遇到一位牧師友人，他明白這個祕訣所具有的大能。你也還記得，我試著想要與他約午餐會

議的時間，卻發現他的行事曆上面在禮拜四一整天寫著「沒事」的字樣。當時的我不理解，但我現在懂了，他在禮拜四那天有個很重要的約——他因為夠重視這個約，所以就算會激怒一個熟人（我本人），也要在所不惜地保護好它。你和我也都需要知道如何這麼去做，現在就讓我們聊聊這個部分。

做出不容易的決定

有些基督教書籍歷久不衰，經年累月，數十年下來還是銷量不減，這些書之所以可以像馬拉松選手般不會絕版，主要是因為書中所談到的需求永遠不會過時。因著神的恩典，我人生寫的第一本書《蒙福人生》（異象出版）也名列其中。其他還有像是亨利‧克勞德博士與約翰‧湯森德博士所合著的經典《過猶不及——如何建立你的心理界線》（Boundaries: When to Say Yes, How to Say No to Take Control of Your Life）（道聲出版）。即便過了這麼多年，每間基督教書房都還是願意繼續販售這本書想必有其道理。很明顯地，大部分的人在學習拒絕的這一塊都需要幫助。

> 事實是，每個人每天每個小時，都有成千上萬件「很棒」的好事值得你去做。

當你一決定要好好重視守安息日，並開始在自己的行程表上規劃好

哪天要來守安息，我可以跟你保證，一定就會有一連串的機會排山倒海而來，希望你趕快把守安息的那個決定丟出窗外。而且那些請求都會非常地誠摯、合情合理，也很值得答應。事實是，每個人每天每個小時，都有成千上萬件「很棒」的好事值得你去做，但你也不可能每件都做。因此我們需要「抉擇」，而且你也「必須」做出選擇。剩下唯一的問題：「那到底是什麼在驅使你做出決定？」是感情用事嗎？出於罪疚？他人期待的壓力？害怕被拒絕？以為火燒屁股，但事實不然？出於不安全感？又或者你的決定會取決於某件更高的永恆之事而有所調整？史蒂芬‧柯維在《與時間有約》裡面稱其為「在做決定時要能持守純全正直」。[2] 關於神賦予我們做決定的能力，他寫道：

> 如果誤以為自己可以把生活品質的責任通通都推卸到環境或別人身上，或許這樣一切都容易得多，不過事實是，我們必須為自己的決定負責——負責的意思是：有能力回應。雖然有些決定看起來顯得微不足道，或是無關緊要，但就好像山中無數條小溪，匯集起來就成了一條氣勢磅礡的大河，這些決定匯總起來，也能夠力上加力地推趕著我們往自己最終的命定前行。我們的心會隨著時間，不知不覺地習慣做出同樣的決定，而內心養成的這些習慣又比其他任何因素都還要容易影響我們的時間和生活品質。[3]

一旦你下定決心，要把神講到休息的智慧套用在自己每週的生活

裡，你就必須開始學習保護和守住這個決定。我自己也不是一開始就這樣，不過，我最後還是決定有些事情就是沒有商量的餘地：包含神、家庭、工作和健康。這些是我的價值觀，也是我所看重的。因此我現在就可以自由且刻意地安排自己的時間，以確保我有好好地在這些不容妥協的事情上下功夫。

這不能只是在心裡答應要在這些領域化時間，也不是一個我記在腦子裡不斷想著還有哪些該做但還沒做的待辦清單。並非如此，我可是有預先排好不同的時段，專門去做那些神告訴我，對我個人和呼召來說最重要的事。結果就是我不會先去滿足完所有其他人的需求，然後才讓我太太去遷就那些剩餘的零碎時間，她可以不用撿拾我時間表都排完以後才留給她的碎渣。我的行事曆應該要能夠作證，她對我來說有多重要，以及她在神眼中的重要性。

換句話說，我會正視並且持續地把重要的事情排進行程裡，而不是出於好意，來看看有沒有機會可以塞進去。我會規劃好工作時間，預留時間給家人，並排定時候到了就該休息。時間就好比金錢一樣，制定計畫是不可或缺的。若是你沒有事先計畫好，那麼這個墮落且破碎的世界就會為你決定，那你就只好每天從早到晚不停地做那些沒有永恆意義的事，不僅離你的目標十萬八千里遠，也與你最看重的價值觀一點關係也沒有。

我一直不斷提到《超越蒙福》這本講到怎麼管理好錢財的書，因為金錢與時間就很多層面來說實在非常相近。每一個基督徒都應該作時間和金錢的明智好管家，這樣才能有效地成為代表神國的大使。在那本書

中，我分享了一個非常寶貴的概念，有助於個人或家庭知道如何在財務上做出艱難的決定。我提到我和黛比怎麼把在財務上很難做的決定交給「預算先生」，一切都照他說的算。

在我們剛結婚的那幾年，我賺的錢很少，而且經常有一搭沒一搭的。夫妻倆都很清楚，如果我們想要達到可以穩定十一和其他奉獻，再加上不要欠債的目標，我們就絕對不能超支，因此我們讓「預算先生」成為我們家的榮譽會員。「預算先生」雖然很嚴格，但他很有智慧。每次只要我或黛比一有想要購物的衝動，另外一個人就會說：「哇，那樣東西真是太值得買了，不如來問問『預算先生』的意見吧！」假使我們一開始就沒有規劃這筆消費的預算，也的確沒有錢買的話，另一個人就會接著說：「嗯，『預算先生』說不行喔，他真的很掃興耶！」這讓我們兩方都不需要在自己所愛的人眼中當壞人。另外，在要拒絕一些別人的邀約或請求時，如果有涉及用錢，「預算先生」也會是能助你一臂之力的良伴。預算既不涉及主觀，也與感覺無關。

在確保你每天都能忠於個人目標和價值觀的這場仗上，「預算先生」也有個同伴：「行程表先生」。多年前，當我一直嘗試說服那位朋友要在休安息日的時候跟我吃午飯，這基本上就是他當時不斷在做的，他是在告訴我說：「羅伯特，我也很想花時間跟你聚聚，但是下禮拜四真的沒辦法。我問過『行程表先生』了，但他說我那一整天都排滿了，排了要『什麼事都不做』！」

要事第一

　　你一旦開始要在自己的行事曆上反映出原本只存在於心裡的優先次序、價值觀和目標，過程中，你一定會不得不做出一堆難以抉擇的決定。畢竟每天就只有二十四小時，一個禮拜也只有七天；而在這僅有的時間裡，至少有三分之一得拿來睡覺，這樣人才會健康，並且可以留住不斷有柴燒的青山在。

　　換句話說，如果要對最重要的事情說好，即表示勢必要對「某些，可能還不在少數，也很有價值的事」說不。這過程恐怕會令人痛苦不堪，卻是再健康不過，也極為重要的必經之路。如果有個人一直以來都入不敷出，要他／她開始把花費控制在預算內，會需要此人好好認真、客觀、不感情用事地檢視到底錢都花到哪裡去，並且找出那些可以減少或是完全砍掉的花費。同樣地，在安排自己生活的時候，如果希望從時間安排上能夠反映出你個人的最高價值觀——尤其是休安息日的這個部分，也需要先鐵面無私地好好檢視自己平常都把時間花在哪裡。

　　要讓自己無論在金錢或是時間上可以更有餘裕，最有效的辦法之一就是試著「簡化」。大部分的人都把自己的生活過得太複雜了，但其實根本沒必要；我們都過於努力地做著太多的事，同時想待在太多地方，也扛了太多的責任，但如果我們可以對自己和神坦承的話，那些責任與我們最主要的呼召與目標根本一點關係也沒有。

　　簡單就有力量。美國作家梭羅（Henry David Thoreau）曾這麼說：「一個人的富裕程度，與他所能放下的事物成正比。」我想他這句話的

意思是，我們經常積攢了太多東西，也參與太多雜務；這不僅使人生變得複雜，也使我們不論在金錢或時間上都變得拮据。一旦生活過得簡單了，財富自然就會來。

▍**簡單就有力量。**

　　如果你希望透過守安息日得著這份極具生命力的大能，那麼你無論如何，都一定要安排時間休息，以及行程表一旦排定就不隨意更改。安排時間休息對我來說有下列這些幫助：首先，我們在前幾章裡已經探討過，休息在身體方面所能帶來的好處。它讓我能「必先利其器」，因此我在工作的時候就能很有效率且專注地善其事。不過，還不光是如此，當我可以自由地去守安息日的時候，這展現出了我對神的信靠與信心，同時也是在承認我並不是以自己為源頭，並且提醒著我，所有的成就或成功都是單單因著神。而這一切都會釋放更多從神而來的祝福與恩寵在我的生命中，就好像神造土地，每七年休息一年，就可以結出更多的果子，神對我們的心意也是只要讓身體每七天休息一天的話，我們做任何事都肯定會更有果效。

　　即便過了這麼多年，我還是很需要經常被提醒。即便也很希望自己可以說，我現在不論做任何事，都可以自然而然地深深意識到自己無時無刻不全然仰賴神，但很遺憾地，事實並非如此，我也還是很容易一不小心就自以為都是我的功勞。

我的一位牧者友人布雷迪・博伊德（Brady Boyd）寫了一本很棒的書，題為《忙上癮了：讓心從忙東忙西中恢復》（Addicted to Busy: Recovery for the Rushed Soul），在他就這本書接受訪談時曾這麼說：

　　　　當我選擇守安息日，也就是一週裡選出一天，不見得一定要是禮拜天，我是在反對和抵擋我內心天生想要倚靠和崇拜我自己的那份自負。因此老實說吧，守安息日其實是場抗爭──我沒辦法靠自己辦到，真的無法憑一己之力。既然是在對抗我裡面的這個自以為是，我知道我們大部分的人都是如此，就是凡事都會想要靠自己。我要讓自己慢下來，那一天我就是好好當個兒子，那天我既不是牧師，也不是某個事工的領袖，那天我誰都不是。我要把那一切都擱到一邊，因為在安息日當天，我就只想好好當個兒子，讓祂作我的父親；祂是陶匠，我是泥土。祂是父親，而我是祂的兒子；那天我要拿回自己的身分。[4]

　　我們都好像布雷迪在這裡所形容的會有這份衝動，很想同意過去某位激勵演說家曾說過的話：「這事要不要成，由我說了算！」但對基督徒而言，完全不是這麼回事。事實上，耶穌就很直接地這麼告訴我們：「我是葡萄樹，你們是枝子。住在我裡面的，我也住在他裡面，他就結出很多果子；因為離開了我，你們就不能作什麼。」[5]我們需要經常用這點來提醒自己：我們必須倚靠祂，一切都在於祂。若是沒有連結於耶穌，我們根本無法做任何具有永恆價值的事。而透過守安息日的這

件事，就能夠使我們警醒並牢牢地記住這個真理；這也是每週守安息所具有的大能之一。

若是沒有經常提醒自己，我很容易就會淹沒在日常的大小事裡，也變得容易分心。你難道不會這樣嗎？有時候我之所以會這麼做，是因為我實在太享受認真工作所能夠帶來的獎賞了。也正因為我很期待成就所能帶給我的興奮感，我可以明顯感受到自己的心都躍躍欲試地想要把自己逼到極致。我想要每天從早忙到晚，好叫我能夠對我自己、對神，還有全世界的人說：「看看我的成就！」現在的我比過去還能夠更快分辨出來，自己裡面已經轉換成為「工作模式」。我曉得神並不需要我努力做什麼；祂要的是「我這個人」。我也知道祂並沒有坐在天上，等著發「金色星星」給我，祂早就已經在基督耶穌裡，藉著聖靈為我蓋過「認可」章了。休安息日讓你和我有機會在自己與神的關係裡重新對齊，並且再次發現自己在祂裡面的身分。

> 祂早就已經在基督耶穌裡，藉著聖靈為我蓋過「認可」章了。

我透過守安息日宣告：「祢是神，而我不是。」神的心意是要我們好好休息、享受祂，並且從祂領受源源不絕的恩典。安息日對我們來說是好的，不過，守安息日卻完全有違人類墮落的本性，也牴觸了現今當道的驕傲的靈。

常見的問題

每次當我教導完守安息日的原則之後，總是不可避免地會被問一大堆問題。大部分的常見問題相信我在前文已經都談過了，比方說：「我一定要在禮拜天守安息日嗎？（或是有些人會堅持禮拜六才是一個禮拜的第七天）」相信各位已經曉得答案是否定的。守安息日是生命，而非律法。依照你自身狀況評估，不論一週裡的哪天最好，你就應該選擇在那天守安息。不是哪一天特別具有能力，而是當你信靠神到一個地步，是你願意讓自己在每週裡有一天就是什麼都不做和喘口氣，那麼你個人生命和你與神之間的關係所產生的變化就能帶出大能。

另外，這個問題我也很常聽到：「羅伯特牧師，請問我在守安息的時候該做什麼好呢？」我會簡短地回答說：「就好好享受！享受生活、享受天父、享受與家人相處。」就把工作先放到一邊，先不要上線收電子郵件，或看社群媒體（這或許還可以直接幫你戒掉某個上癮行為）。除此之外，就是去做那些能夠讓你重新得力的事。不論你做什麼，記得一直不斷地惦記著神和祂的良善。

記得有一次，在我教完守安息日的重要性之後，有個人來台前找我，傾過身來，靠著我很近，好像想與我分享一些見不得人的祕密，他問道：「呃，請問我可以打高爾夫球嗎？」我明白他會這麼問的原因，尤其如果你成長的背景是比較宗教化的家庭，大概很容易認為，如果主看安息日為「聖日」，那麼那天大概就只能從事那些「很宗教的」活動——充其量就是只能讀經、禱告、唱詩，或是看點基督教電視台的節目，或是

打開 Netflix，看看上面是否有《萬世流芳》（The Greatest Story Ever Told）、《十誡》（The Ten Commandments）或《聖袍千秋》（The Robe）可以看。

　　確實，在拉比猶太教的時代，這的確是拉比或是律法師守安息的方式，等到耶穌出現的時候，守安息日已經變成幾乎只專注在外顯行為，而完全不顧內心的敬虔、喜樂或是喜悅。沒錯，就是喜悅！（你還記得主耶和華曾透過以賽亞這麼說嗎：「稱安息日為可喜樂的……」）[6]事實上，世人才會去分哪些是「世俗的」，哪些是「神聖的」，對基督徒來說，所有一切都是神聖的，因為這地和其中所充滿的都屬耶和華。只要看你在從事那項活動時秉持著什麼心態，是那份心意使它成為聖潔——哪怕是打高爾夫也一樣。

　　所以我回覆那個人說：「當然了，就好好地去享受吧！」接著，我又更多說明，好讓他明白我的意思：「只要你沒因花太多時間打高爾夫球而忽略了你的家人，並且你在財務上也有負起該負的責任，那麼你在休安息日那天去打高爾夫球就不成問題了。」藏不住臉上的笑意，他轉過身去，對站在身後不遠處的太太說：「我可以去打高爾夫耶！」

　　我仔細地觀察她的表情，一邊朝著她丈夫點了點頭，並問她：「打高爾夫球會讓他消除疲勞嗎？」

　　「喔，非常啊！」她回答：「他最近很常忙到沒辦法去，可是他每次只要有去打球，回來的時候都會煥然一新！」

　　「那妳還喜歡那個『煥然一新』的他嗎？妳會想要多看到『那個樣子』的他嗎？」

「會啊，那樣的他不光是比較放鬆，也更有精神。」

於是，我又把剛剛告訴他的話對她再說一次：「當然了，我不是聖靈，你們需要再問過祂。不過，我認為要是打高爾夫球會讓他振作起來，那麼只要他沒有因為打高爾夫球而沒時間陪妳，也沒有隨便亂花錢的話，我認為他應該好好地去打打高爾夫球。」後來我又補了一句：「重點是神希望你們兩位都可以好好享受安息日。」

講到這裡，她雙眼發亮，露出一抹調皮的微笑，她說：「真的嗎？那我也可以去逛街囉？」我笑了出來並說：「同樣的，只要妳沒有不負責地亂花錢……」

如果你也喜歡打高爾夫球，就去打吧！不過，當你在球場上的時候，記得為著神美好的創造感謝祂。你都怎麼與你的球友互動，就照樣去與神互動吧！如果某樣東西會滋養你的魂，並讓你的身體消除疲勞、打起精神……那就去做吧！記得與神「一塊」去做，讓祂一整天都可以參與在你的生活裡。

> 讓祂一整天都可以參與在你的生活裡。

那段對話又帶出了另外一個問題，是我每次教導每週要守安息日的時候很常聽到的：「那我在守安息日的時候，『不能』做什麼？

簡短的回答是：不能工作。你不該做任何與工作有關的事，除非有絕對必要，不然，連電子郵件都不該看。在還沒有行動電話的時候，所

有人都會有工作上的辦公室號碼和家裡的住家號碼。以前我們幾乎不會在家裡接到工作相關的電話，除非是緊急狀況。家裡就像是個聖所，是我們的避難處。然而，現在這兩者之間的隔牆都被徹底毀掉了，區分工作時間和家庭時間的界線也被全然抹煞。智慧型手機和一直都在的網際網路讓我們等於離不開辦公室，不論去哪裡，都拖著公事一起去。就像帕夫洛夫（Pavlov）的狗一樣，手機只要一發出嗶嗶、唧唧或叮叮聲，通知有收到新的簡訊或是信件，我們就被制約，覺得自己必須馬上有所反應；哪怕可能正與家人吃晚餐吃到一半或是正在深聊，但只要有任何聲響，就會下意識地拿起手機。可見，要是我們從沒讓自己離線，大概很難有真正深層的休息。我們若想要連結於這位賜生命、使心靈得恢復並讓我們腦袋更清楚的神同在，就勢必先把工作完全地放下。

同樣的道理，完全不看社群媒體也是有其必要。請聽好了，我自己也會上社群媒體，並且使用這些平台來鼓勵人，或是倡導一些很重要的事。可是我也還是會非常謹慎且堅持每個禮拜不能花太多時間在上面，如果是安息日，就會連看都不看。我在前文也提過，那些社群媒體上的貼文大部分都是不斷地散發負面消息、怒氣、悲劇，或是令人心碎的新聞。我們所閱讀或是看的東西，要不是讓我們很想去揍某個人，就是會讓我們覺得自己不如人和感到嫉妒（當然，我知道我們還是會讀到關於朋友的好消息，或是某些家人傳來的可愛小東西）。但即便是這樣，無論走到哪兒都帶著手機，還是會不斷地直接荼毒你的心靈，更糟的是，手機真的很容易上癮。

基於上列種種原因，我強烈建議各位，在安息日那天要盡可能地回

歸原始。那一天，不妨就假裝自己是艾米許人吧！盡量減少使用科技產品，重新找回那份沉靜。確實，一開始你可能會很受不了，畢竟我們都已經太習慣於不斷地接受媒體各種不同訊息的轟炸，變得好像這些背景噪音都不見的時候，反倒感覺渾身不自在。不知道為什麼，好像安靜是個錯誤似的，太安靜會讓我們無法靜下心來。然而，如果你渴望聽見神的聲音，你需要的就是安靜。天父非常想要對你說話，但祂無意為了讓你可以聽見而大吼大叫，只是我們所處的環境往往充斥著發射火箭般的極大聲響，而這些都會把祂的聲音蓋掉。

如果能夠一整天都處於休息狀態、從一切事務當中抽離，並且心無旁騖地守安息，所能夠帶出的大能功效之一是使你實際地「聽見」神。喔，對了，以及聽見祂要告訴你的那些不平凡之事！祂渴望賦予你身分，讓你知道祂造你應該要成為的樣式，以及祂把你放在這地要與祂一起成就什麼。祂渴望告訴你指引、不同見解、教導、智慧、鼓勵和安慰。祂渴望告訴你，那些你還不知道的美好、大能之事。[7] 如同前面所提到的，我經常聽到有人這麼回覆：「羅伯特，我真希望自己可以像你一樣，這麼清楚地聽見神的聲音。」容我這麼說吧，神一直都在講話，祂也渴望你聽見祂的聲音，世上最能夠幫助你好好聆聽祂說話的方式，就是送自己這份安息日大禮，讓你可以真正安靜、以神為焦點地好好休息。

> 神一直都在講話，祂也渴望你聽見祂的聲音。

重申一次，請不要變得太過拘泥形式或是律法主義。神設立安息日是要來服事你的，請不要逆其道而行了。如同我在前文提過的，我通常會在禮拜一休安息日，也會盡可能地不在那天排其他事。不過，偶爾還是可能會有些事情非得我出面不可，或是得在禮拜一的時候去到某些地方。基本上，我在那週就會調整時間，改換別天守安息。這類的調整在所難免，不過我會盡可能地把頻率降到最低。

另一個我常會接到的問題是：「萬一有緊急狀況呢？」耶穌其實有專門提過這件事。以下是轉述祂的話，耶穌曾在不同的場合這麼說：「如果你的驢子或是牛在安息日掉到水溝裡，請把牠們拉上來！[8] 要是你的牲畜在安息日的時候渴了，就解開牠們並牽去飲水吧！」[9] 又有一次，祂直接做了個總結：「嘿，大夥兒，放輕鬆！安息日行善也沒什麼不好啊！」[10] 我通常會開玩笑地補一句：「但如果你的牛，老是一天到晚摔到水溝裡，那你這個作主人的，可能就要檢討一下了！」換言之，如果你在工作上每個禮拜都遇到緊急狀況，導致你無法守安息日，就請好好想一下，如何更好地調整程序，確保自己至少每週可以休息到一天！

江湖在走，常識要有。也請聆聽聖靈的聲音，因為祂必會帶領你。如果真的遇到緊急狀況 —— 如果有人打電話給你說：「公司火燒屁股了！」—— 神不會希望你在那當下回答對方說：「今天是我的安息日，請明天再打給我。」

接下來，我們統整一下，一個有好好休息的安息日應該看起來像怎樣，請看神的話語是怎麼說的。底下自詩篇第九十五篇擷取了幾段經文，這首詩正是在講要進到神的同在裡：

> 我們要來感謝祂，用詩歌向祂歡呼！（第 2 節）

> 來啊，我們要屈身敬拜，在造我們的耶和華面前跪下。（第 6 節）

　　很明顯地，敬拜是進入超自然安息的關鍵。繼續讀下去的時候，請特別注意第 7 至 10 節經文所專注的焦點。希伯來書的作者也引用了這幾節經文，我們在前文有一起讀過，講到以色列百姓在應許之地裡拒絕進入神的安息。這幾節經文講到神渴望我們安息：

> 因為祂是我們的神；我們是祂草場的羊，是祂手下的民。惟願你們今天聽祂的話：你們不可硬著心，像當日在米利巴，就是在曠野的瑪撒。那時，你們的祖宗試我探我，並且觀看我的作為。四十年之久，我厭煩那世代，說：這是心裡迷糊的百姓，竟不曉得我的作為！（第 7～10 節）

　　神設立安息日，在這天除了要好好休息之外，也是讓我們可以思想神的良善、信實和慈愛。守安息日會使我們對神更有信心，也更信靠祂，而這也會連帶使我們成為能夠帶出更大能力和平安的基督徒。

　　我們的心可以在這一天柔軟下來，並相信祂的應許。請再看一次神關於安息日的各樣應許——供應、豐盛、重新得力、智慧——也請別忘記，這天是祂所賜的禮物，祂在邀請你經歷祂的同在、享受祂，在祂的裡面得恢復。有成千上萬的基督徒常常在放假，卻從未真正感覺到有重

新得力。光是放一天的假不代表有確實守到安息日，就好比也不是有度假就一定是在休安息長假。

　　如同各位已經知道的，當年 Gateway 教會剛成立的時候，我有好幾年的時間就是一直處在那樣的光景裡。如果我的員工都還在工作，我就會因著罪咎感而覺得自己不能休假。我甚至感到自己有必要讓工作在那天趁虛而入，因此我老想著工作的事。結果，就算我明明休假了，而我那四個量表卻沒有一個明顯充到電。但是只要有好好守安息日，理當要可以也一定會充飽的；因為安息日就是要使你在靈命、身體、情緒和精神各方面都得著恢復。接下來，讓我們看看，有哪些方式可以確保你一定能充到電。

為你的量表充電

　　每個人都很不一樣。不同的人在個性與性格上會有極大的差異；意思是，可以使你打起精神來的東西，很可能會讓我感到疲憊不堪。舉例來說，內向型的人就會比外向型的人更能在獨處的時候感覺到活力充沛。我們通常會被完全相反的特質相吸，我和黛比也認識好幾對夫妻，就是其中一人非常外向，而另外一人則偏內向型。這樣的夫妻一起出席社交場合時，例如朋友辦的聖誕派對，外向型的人會在活動結束後精神奕奕、神采飛揚；內向型的那一方雖然也很享受這個夜晚，可是等到要離開的時候，早已累得半死和疲憊不堪，他／她會需要自己一個人獨處幾個小時才能恢復元氣。

雖然你為自己四個量表充電的方式可能與我不太一樣，不過以下，我列出了幾種在這幾個方面對我來說很有幫助的活動，相信也有助於你開始更加了解，哪些方式可以為你消除疲勞。底下是我為自己四個量表充電的方式。

靈命量表

　　這是所有的量表當中最單純、也最普世皆準的一個，因為人類的靈並無個性或性格之分。每個人天生受造就都需要與神連結，基本上連結的方式也都一樣。

　　花時間禱告和讀神的話似乎是眾所周知的老生常談，不過，這的確是據我所知能夠為靈命量表充電的最佳方式。這個做法非常具有大能；當你大聲宣告出關於神和祂多麼良善的真理，在你裡面重生的靈會深淵與深淵相應。而且不光是你自己聽見而已，神的眾天使、甚至連邪靈也都會聽見你宣告的聲音。天使會馬上聚精會神地聽，魔鬼則是會顫抖。

> 每個人天生受造就都需要與神連結，基本上連結的方式也都一樣。

　　當你面對生命中的軟弱和掙扎時，求聖靈指引你要讀哪些經節，好讓神來對那個領域說話。默想或甚至把那段經文背下來、不斷地去讀、宣告，並用它來為你自己和你的家宣告。如果你在對抗恐懼和焦慮，神

的靈可能會帶你去讀提摩太後書一章 7 節：

> 因為神賜給我們，不是膽怯的心，乃是剛強、仁愛、謹守
> 的心。

又或者是腓立比書四章 6 至 7 節：

> 你們應該一無掛慮，凡事要藉著禱告和祈求，以感恩的心
> 將你們的需要告訴上帝。這樣，上帝那超越人所能理解的
> 平安必在基督耶穌裡保守你們的心思意念。[11]

可以去研讀這幾節，或是其他經文的不同版本，有時候換個版本讀，會為那些耳熟能詳的經文賦予新意。

禱告 —— 我們何等榮幸能夠來到這位創造了宇宙萬物的大能造物主面前，與祂談話與交流 —— 這實在是個驚人的特權。可是如果看大部分基督徒的生活，你大概不會這麼認為。不少基督徒，尤其如果又從小在教會長大，會把禱告視為是應盡義務，是一種責任，是個可以替我們在神那裡累積乖寶寶點數的沉悶任務。要是大部分的基督徒有種敢說實話，就會承認自己不過把禱告當成是「有做有保庇」，但實際上，大概不會帶來任何實質改變。就像在跑步機上跑步一樣，還是會對你有益處，但是不管怎麼跑，人都還是在原地。

這實在是個天大的悲劇；我們何其有幸，能夠透過禱告有機會像亞

當和夏娃當年在伊甸園裡一樣——與造他們的主親密交談，並真實地與祂團契。但在忤逆了神之後，他們不僅被逐出伊甸園，也自此失去了這份特權。耶路撒冷聖殿裡擋住至聖所的那塊幔子，之所以會在耶穌死的那一刻由上到下裂開，其實是有原因的。那條被撕裂的「幔子」是個明證，表示耶穌的死，為我們打開了一條能夠直接進入神同在的道路，祂破碎的身體成了我們能夠與神進入親密團契的那條全新道路。

實在很難想像，為什麼我們竟會不把這個難以置信的機會當回事。安息日的用意就是要讓人能夠與神在天涼的時候一同散步、聊天啊！對神傾心吐意、分享你的盼望、夢想和恐懼，接著就是要聆聽。暫時先別說話，並讓自己保持夠長時間的安靜，好讓天父可以對你說話。祂的話語是靈，充滿了生命！[12] 神滿有智慧、祂是全知、擁有無法言喻的大能，並且無條件地在著愛我們。再說，神已經知道你的未來，祂持續地在運行和為你的未來預備一切美好之事。你到底為什麼甘願每個禮拜放棄這個難得的機會，來聽祂這週要對你說什麼呢？

除了禱告和神的話語之外，禁食也是另一個能為你的靈命充電的方式。如果你還記得，史蒂夫·杜林的安息長假清單上，有一項就是建議可以禁食，不論是禁食或是禁其他東西。這個屬靈操練的用意，就是要讓我們透過抵擋自己身體上的需要來為自己的靈命充電。禁食有助於我們以一個不同於以往的方式與神在靈裡連結。

請各位要明白，我並不是在建議你們每次休安息日都要禁食。事實上，對世界上許多認真在守安息日的猶太人來說，他們在安息日其實都吃得很豐盛（當然都是事先預備好的）。不過有的時候，特別如果你感

覺到自己靈裡很枯竭，或是正在遭受攻擊，聖靈很可能會要你那天都不要吃，或是至少不要吃某種食物。如果你裡面有那種微小的感動，就去行吧，那會滋養你的靈。另外你已經曉得了，我會建議你在安息日的時候禁用網際網路。

最後透過詩歌來敬拜、讚美神也會是幫助我們在靈命上重新得力的美好方式。不論我是用我自己的話來對主歌唱，或是我跟著某首我最愛的敬拜讚美詩歌一起唱，我總是能夠在敬拜的時候找著極大的力量與平安。每當我感覺很難靜下心，音樂總是有助於我把焦點轉向神並進入到祂的同在裡。

身體量表

若是有人說自己好累，或是說他們「累癱」了，我們通常會認為他們在講的是身體上的疲憊。如果四個量表一直都在空轉，一般會先從身體量表明顯感受到體力不支。正如我在本書一開始就開宗明義地說了，現代人缺少安息的生活模式確實很傷身。就連那些有固定運動習慣或是努力吃好的人，也都還是會感覺到疲憊，或是一天到晚生病，這都是因為它們的身體量表一直亮紅燈，也從來都沒有加滿過。神創造我們身體，就是需要固定有深層的休息。

桑德拉・道爾頓・史密斯（Saundra Dalton-Smith）博士在她的著作《神聖的安息》中寫道：

> 人一旦精力耗盡，就無法拿出最好的表現。當身體一直

處於不斷拚命追求卓越、提高效能、達到最大效率和最優能
力時，自然無法發揮完全的實力，拚到最後只會自討苦吃。
是時候不要再每天拚命，而是該調整為每天安靜了。一旦安
靜下來，就會發現自己不再那麼緊繃，也開始復原……從事
什麼活動會讓你精神百倍呢？什麼習慣會讓你感到平靜和放
鬆呢？試著努力找出是什麼有助於你重新得力吧。[13]

　　安息日是可以好好為身體量表充電的大好機會，至於怎麼休安息日
會讓自己的身體達到實際的休息，則可能因人而異。對於那些從事粗重
勞力工作的人來說，睡個午覺可能是最有幫助的一件事。但如果是坐辦
公室過著朝九晚五上班族生活的人，可能去爬個山、上健身房，或甚至
把花圃裡的草拔一拔，都會比躺著什麼都不做，還要讓他們更有重新得
力的感覺。

　　也有可能每個禮拜你都需要做些不同的事才會感覺有充到電，試著
更認識自己，也讓神的靈來帶領你。對我來說，一直坐在沙發上幾乎不
會讓我休息到，通常可以去散個步才是最能讓我打起精神來的一件事。
不過換個角度來說，其實有時候最明智的做法就是去睡個午覺，或是及
早上床讓自己可以有一夜好眠。我們都太小看可以睡飽睡滿的力量了。

　　人是由靈、魂、體所組成，我們的受造就是要這三者好好整併一起
運作。或許各位有所不知，有時從事身體方面的運動，可以一次滿足三
個部分。我有個朋友很喜歡騎腳踏車，如果禮拜六早上天氣正好不錯，
而他又可以去公路或是附近郊區，騎大約兩小時左右的車，他就能夠大

大充電。透過騎腳踏車的這項身體運動，有時候會幫助他在心靈上更加敞開，並進而與神有親密對話、領受創意想法，等他騎完車回家的時候，整個人就像是個新造的人似的！

> 人是由靈、魂、體所組成，我們的受造就是要這三者好好整併一起運作。

以上各項建議都是能夠為身體量表充電的重要方式，不過，重點還是在於要專注於在基督裡找著安息，請祂讓你知道，到底怎麼做可以為自己的身體充電。

情緒量表

我的三個孩子如今都已經結婚成家了，這表示我和黛比越來越能享受兒孫滿堂的幸福。最近我們全家人一起去逛水族館，看見孫子們第一次看到魚、鯊魚還有海豹，那份喜悅實在溢於言表。逛完水族館後，我們打算去吃飯，我就問我的孩子們說：「大家，你們想吃漢堡還是牛排呢？我請客。」我想各位應該都猜到了他們會選哪一樣吧！那天所有人都很開心，就這樣玩了一整天之後，我回到家時整個人心情十分愉悅。如果用經典暢銷書《愛之語》（The Five Love Languages）作者兼諮商師蓋瑞‧巧門（Gary Chapman）的話來說，就是：「我的被愛量表加滿了。」這些年下來，我發現每次只要我與家人和朋友們在一起，我

在情緒上就會有被更新的感受，不過，可能你需要截然不同的東西來讓自己在情緒上重新得力。

　　我有位朋友是偏內向型的人，他很喜歡自己一個人去到一間很大的書店，然後就在裡面隨處逛，他倒不一定每次都會買書，但也不知道為什麼，徜徉在一片浩瀚書海的這件事，就是讓他內心很得飽足。從他的例子就可以知道，為自己的情緒量表充電不一定要花人錢。可能去逛逛古董店或是二手商店就會讓你心情變好──即便你沒有買任何東西。或是去公園、博物館或畫廊，也可以讓你的需要被滿足。求主向你顯明，什麼對你來說管用。

> 求主向你顯明，什麼對你來說管用。

　　同時間請注意，是什麼會讓你的情緒量表指數降低；講到這裡，我有必要再次警告各位，要注意網路和社群媒體的使用，或許也應該把電視新聞加到這份清單上。這些類型的媒體都很可能會讓你感覺到被惹怒、很有壓力、被嚇到，或是感到難過。以上的每一種情緒，都是在從你的情緒量表裡提款，而非存款。惱怒、壓力、恐懼和悲傷，只會使你原本就已經所剩無幾的好心情更雪上加霜。

　　當你在看電視「娛樂」節目時，也請注意和曉得看這些節目會為你帶來什麼樣的情緒。問問自己：這些娛樂是否符合保羅給腓立比教會的教導？

> 弟兄們，我還有未盡的話：凡是真實的、可敬的、公義的、
> 清潔的、可愛的、有美名的，若有什麼德行，若有什麼稱讚，
> 這些事你們都要思念。[14]

　　觀察自己一整週下來使用不同媒體的情形，結果是否會讓你的情緒量表反而消耗得更快呢？如果是的話，我會鼓勵你把這一塊交託給主，並且求祂讓你有其他的娛樂，可以讓你在情緒上也一併好好休息。至於在休安息日的時候，我還是要持續地倡導，最好不要使用任何電子產品，我們真的需要好好靜一靜，也需要戒掉一些上癮行為或是過度依賴。

　　我也會建議你，好好地從分析和禱告的角度來思考一下自己的人際關係。有沒有某些人或是關係，一直不斷在打壞你的心情呢？世界上有些人天生就是帶有毒性，這些人在建立關係時也會把毒素注入關係裡。禱告讓自己可以減少遇到這樣的人，要是真的躲不了，請務必學習如何在這種不容易的關係中找夾縫求生存，好讓你的情緒健康可以受到保護。聖靈在這個領域裡的引導不僅寶貴，也可以隨時求問祂。

精神量表

　　我在前一章裡有提過，我經常會在休安息日的時候閱讀一些與工作或呼召不相關的書籍。如果我讀領導學或是事工相關的書，真的很容易一不小心就又開始想工作的事了。很可能我才剛在腦中思考，到底要怎麼把剛讀到的內容運用在自己所面對到的挑戰或機會上，下一秒就意識到自己突然緊繃了起來，並且很努力地試著要解決問題！相較之下，如

果我讀的是歷史、小說或是冒險相關的書，把我帶到一些從來沒去過地方，那會讓我整個人在思緒上很被餵養。當然，不可避免的是，我可能會在讀那些書的時候，突然發現某個東西很適合在講道時拿來舉例，或是讓我靈機一動，突然知道某個問題應該怎麼解決好。可是那並不是我去讀那本書的用意，我閱讀純粹是為了從中得著令我心滿意足的喜樂，但這麼做的同時，也可以磨利我腦中的那把斧頭。

　　我在前文有分享過，當我第一次問主說：「做什麼可以讓我充飽電呢？」當時祂讓我和黛比知道，最合適我們夫妻倆的充電方式就是去找個安靜的地方，可以完全放鬆、讀書、坐在前院的搖搖椅上，好像這世界上完全沒有需要我們操心的事。老實說，有時候最能讓我在精神上重新充飽電的方式就是什麼都不要想。我會有段時間望向遠方，讓自己的思緒保持暢通，好領受主要給我的任何想法。

　　能夠營造出一個空間去思想，是非常美好的一件事——這並不是指策略性地反覆思索問題解決之道，或是在腦中不斷地沙盤推演著要怎麼進行某段談話。而是……天馬行空地去想。

　　求主激發你的想像力，並放手讓自己可以自由地東想西想。這會讓人打起精神來！

> 能夠營造出一個空間去思想，是非常美好的一件事。

如果你肯看重安息日並且好好地去守安息——用以賽亞書的話來說，你願意視它為可喜樂的——神必會在那天，以一個充滿大能的方式來與你相遇，並使你重新得力。

　　只要你願意信靠神到一個地步，是肯去好好地休息，祂也必會信實地在靈命、身體、情緒和精神上來供應你。

注　釋

1. 《超越蒙福——神克服所有財務壓力的完美計畫》（Beyond Blessed: God's Perfect Plan To Overcome All Financial Stress），羅伯特・莫里斯著（中文版：異象出版，2020 年）；第 197 頁。

2. 《與時間有約》（First Things First），史蒂芬・柯維（Stephen R. Covey）、羅傑・梅瑞爾（A. Roger Merill）及麗蓓嘉・梅瑞爾（Rebecca R. Merill）著（中文版：天下文化出版，2004 年）；原文書第 169 頁。

3. 《與時間有約》，柯維者；原文書第 169 至 170 頁。

4. 《你是否忙上癮了？》（Are You Addicted to Busy?），布雷迪・博伊德與克里斯・馬維提（Chris Mavity）著，Ministry Labs，2017 年。

5. 約翰福音十五章 5 節（新譯本）

6. 以賽亞書五十八章 13 節

7. 耶利米書三十三章 3 節

8. 見路加福音十四章 5 節

9. 見路加福音十三章 15 節

10. 見馬太福音十二章 12 節

11. 當代譯本

12. 見約翰福音六章 63 節

13. 《神聖的安息》（暫譯，原文書名：Sacred Rest），桑德拉・道爾頓・史密斯著（New York: FaithWords, 2017）；原文書第 40 頁。

14. 腓立比書四章 8 節

第 8 章
絕非只關平你個人

基督徒需要活出平安，如此一來，不論發生什麼事，他們都能向在一旁觀看的世人做見證。

—— 亨利·布克比（Henry Blackaby）

芮貝卡把車停在家門口的車道，按了個鈕讓引擎熄火，三分鐘過去了，不過，她仍然坐在駕駛座上。一方面她享受著此刻短暫的平靜與安穩，同時也預備下車後要面對的一切。放心，沒有任何暴力或是危險事件，沒有那麼戲劇化。正好相反，在家裡殷殷期盼她回來的是很棒的丈夫柴克，和三個九歲到十三歲大的乖孩子。她之所以久久無法下車，希望能多再待幾分鐘，主要是因為那份沉重的責任。

要做的事實在太多，芮貝卡已經記不得疲憊以外的感覺了，從一早起來到現在，她已經忙了十三個小時，可是在上床之前，還有一堆的事情在等著她去做。

這天，一如往常地，早上五點起床後，她迅速地打理了一下，這樣她和柴克才能夠餵飽小孩、讓他們準備好並送他們上學。除了工作上需要不斷應付期限和各種客戶的要求，早晚還有四十五分鐘的車程，一路走走停停塞車回家。現在她該去把晚餐端上桌，而柴克則要協助孩子們的功課和學校報告。最後總算讓孩子們都洗完澡、上床睡覺後，他們才好不容易可以看大約一個小時左右的電視，邊看還必須邊回覆一些工作上的訊息。然後才整個人累癱在床上，準備明天一早起來，一切再從頭來過。

柴克週間的生活也沒有比芮貝卡輕鬆，上下班的時候，同樣也必須忍受塞車塞到懷疑人生。路上不僅有瘋狂駕駛，還經常發生車禍，使得原本就漫長的車流更加動彈不得。好不容易到了辦公室，早已一肚子火，下班回家又是另一次煎熬。除了來回那兩趟疲憊的車程，以前他很熱愛的工作，現在漸漸變得沉悶，那些以前讓他感到興奮、等不及要去做的

任務，現在卻備感壓力。以前同事都很喜歡他，因為他散發出一種激勵人的正能量。可惜好景不常，大家現在對他是避之唯恐不及，要是有人膽敢走進他的辦公室，就會感受到一股不被歡迎的怨氣。

家中新生兒的到來，理當是個值得歡慶的好理由，不過，柴克也因為家裡多了一張口吃飯，而感受到財務上的壓力，同時他也為芮貝卡必須外出工作而充滿罪惡感，但他們倆都曉得，這是個情非得已的選項。他覺得自己隨時處在瀕臨崩潰的邊緣，他很常因為工作的急事或是家庭的需要，而在半夜醒來，對他來說這就是生活的新常態。

對他們夫妻來說，週末還是一樣累人，三個小孩各自有不同的課外活動，而且他們要到週末，才有時間去處理房屋內外的修繕和打掃工作。作為基督徒，他們每個禮拜天都會固定去教會聚會；不過最近，要一早把大家從床上拉起來、穿好衣服並坐上車，簡直就像打仗一樣，所以禮拜天早上變成一週最緊張的時刻。去教會的這路上，他們滿腦想的大概就是把對方給勒死。

這樣緊繃的氛圍，已經蔓延到他們家庭與生活的每一個角落，好長一段時間以來，他們很清楚夫妻間的關係十分緊張，不過，這陣子身邊的親朋好友也感受到了，就連孩子也不例外。過去他們一直都是彼此相愛、互相尊榮的夫妻，可是現在卻動不動就朝對方發飆，兩人都認為對方沒有幫到自己。以前他們會費盡心思地去幫忙、取悅另一半，但曾幾何時，這對身心俱疲的夫妻越多在意的，是自己情緒和身體上未被滿足的需要。孩子們也感受到父母似乎積怨已深，那使他們變得焦慮不安，最後，孩子不是躲得遠遠的，就是到處找麻煩。

芮貝卡忍不住想，到底是怎麼走到今天這個地步？過去，她和柴克不是羨煞旁人的模範基督徒夫妻嗎？那時，他們堅定不變的喜樂和平安，在同事親友間，成為神活生生的見證；但現在，夫妻倆都不希望被發現自己是基督徒，他們不想讓別人以為信耶穌很慘。

> 他們堅定不變的喜樂和平安，成為活生生的見證。

芮貝卡深深吸了一口氣準備開車門時，她輕聲問自己：「我們到底怎麼了？」

不斷擴散的漣漪效應

「芮貝卡與柴克」到底怎麼了？——我基本上是把這些年認識的許多人所遇到的狀況，通通融入在這對虛構夫妻的生活中——他們所面臨到就是嚴重「安息不足症候群」。換句話說，他們長久以來都處於疲憊狀態，他們的力量幾乎匱乏，因為他們的生活沒有界線。

從這個故事我們也可以看到，當柴克和芮貝卡不了解休安息的重要和大能時，深受其害的不是只有他們自己。柴克經年累月的疲勞其實也傷害了他的妻子，同樣地，芮貝卡也在傷害他。就在夫妻水深火熱的同時，他們的孩子也深陷其中。如果父母之間不對勁，孩子一定也感受得到。一旦家庭失和，孩子們會感到懼怕、沒有安全感。另外，父母也會

發現自己動不動就會罵孩子，而沒有耐心去教導和照顧他們。要是柴克和芮貝卡再不趕緊找到安息日的休息帶來的恢復、更新和充電，恐怕會對孩子的成長造成負面的影響。

就好像把石頭丟進池塘裡會產生的漣漪一樣，因為無止境的精疲力竭，所帶來的負面效應會先影響到婚姻關係，接著是家庭，很快還會往生活的各個層面擴散。

兩人的同事肯定也注意到這些變化；因為他們的工作夥伴都曾經被他們散發的平安和正能量所吸引，過去不管是同事或是主管，都注意到即便他們遇到困難挫敗，還是能夠平靜優雅地去面對，那也讓旁邊的人重拾信心。時不時還會有同事私下來問他們：「你怎麼做到的？你身上有種不一樣的特質。」那讓他們有機會分享自己的信仰。但現在已經聽不到這些驚嘆了，就算知道他們是基督徒，也不再有人好奇想知道耶穌如何改變他們的生命。我知道這麼想很嚇人，但或許有不少人之不敢進入自己永恆的命定，就是因為看到這些曾經火熱的基督徒，如今卻不斷的燃燒耗盡。

同時，柴克和芮貝卡的工作績效上也開始出現問題，他們原本都是老闆眼中的明星員工，但現在要達到最低標準都不容易。腦霧、健忘、疲勞，再加上動不動就挖苦人，這些都漸漸消耗他們原先辛苦贏得的好名聲。

隨著這些漣漪不斷擴張，他們的未來也連帶受到影響。雖然他們現在還無法想像，不過，這些長久累積下來的壓力和疲憊，正在傷害了他們的健康，也縮短了他們的生命。本來神的心意是要他們能夠活得長久，

在祂的幫助下帶出生命果效，一生為神的國影響成千上萬的人。神對他們至高、最美的旨意，就是要他們活出詩篇九十一篇16節裡的應許：「我要使他足享長壽，將我的救恩顯明給他。」但除非他們先明白安息日休息的大能，並靠著信心進入，不然，他們無法得到這個應許。生活沒有界線、無法喘息的代價，會大幅縮短他們在地上的時日。而在有限的時間裡，也很難為基督發揮影響力；疲倦正在摧毀他們的產業，但他們卻還渾然不知。

從這個故事我們就能夠了解，安息日的休息，不光是你人生中不可或缺的一部分，它對你身邊的人來說，也非常重要。

> 安息日的休息，不光是你人生中不可或缺的一部分，它對你身邊的人來說，也非常重要。

當你更認識神的國，你就會更加明白，其實這一切都不只是關係到自己。如果你沒有固定好好休息，那你就無法做最好的自己。這將會連帶影響到你生活的所有層面，也包含那些受你影響的人，永恆甚至都會因此而改變；可見這是多麼重大的事。

世人有目共睹的信息

神告訴以色列人，安息日將要作為一個見證和信息。這個見證要讓

未來的世世代代曉得，自己是與神立約的百姓、是屬神的子民；同樣這個信息要讓世人知道，這群人之所以蒙福，是因為他們遵行神的法則。當我們守安息日的時候，就是在對我們身邊的人傳講一個信息：「我的神不僅在乎我，也會照顧我。」而在你謹守安息日而經歷正面的效應和祝福，就是你美好、喜樂又興盛的生命，其實也在傳講一個信息。還記得耶穌對祂的門徒說：

> 你們是世上的光。城造在山上是不能隱藏的。人點燈，不放在斗底下，是放在燈臺上，就照亮一家的人。你們的光也當這樣照在人前，叫他們看見你們的好行為，便將榮耀歸給你們在天上的父。[1]

的確，你的生命無時無刻都在發聲。就算你無視安息的智慧，因此嘗到跟所有人一樣的苦果，你的生命仍然持續在發聲。只不過它傳遞的，就不是與神建立關係應該嘗到的一切美好，耶穌可「沒有」說：「叫人都看見你們壓力和疲憊，這樣他們就不會想靠近你們服事的那位神。」

▌ 我的神不僅在乎我，也會照顧我。

確實，謹守安息日會讓世人看見，包含守安息日所帶出的神奇大能與祝福，世人也同樣看在眼底。關於這項真理，我所聽過的一個最了不起的見證，是來自於二次世界大戰期間一個基督徒的公司。

經得起考驗的信念

「你們在十九天內可以造出幾艘船？」

這是 1945 年 2 月 9 日，美國造船廠 Correct Craft 的總裁羅夫・門倫（Ralph Meloon）桌上的一份緊急電報，這間規模雖小但持續成長的快艇製造公司，位於美國佛羅里達州的派恩堡（Pine Castle）。這份電報是由美國陸軍作戰工程師，代表杜懷特・艾森豪（Dwight D. Eisenhower）將軍所發出，當年他擔任同盟國總指揮官，在大西洋的另一頭與納粹德軍作戰。

艾森豪將軍與他的士兵有著迫在眉睫的需要，自從前一年 6 月諾曼第登陸（D-Day invasion）一舉成功後，美國與英國的軍隊便一步步地拿下法國，德軍也猛烈回擊，但依舊節節敗退，往德國撤防。1945 年 2 月，盟軍成功地奪回法國，而德軍也撤回到萊茵河的另一頭，這條河歷代以來都是法國與德國的分界線。這表示為了要徹底擊潰德國，盟軍必須要侵入德國領土。這場漫長、血腥的戰事開打以來，這可是德國的士兵首度要回到德國境內，為自己的家園而戰。

這場入侵德國的軍事行動被稱為「戰利品行動（Operation Plunder）」。所有軍事戰略家都曉得這次的襲擊必須抓緊時間，原因有二。首先，他們拖得越久，德軍就有越多時間準備防守。再者，盟軍的糧食和彈藥都消耗快速。要是現在不出手，恐怕再也不會有機會了。若是無法一次徹底擊敗德國，希特勒就會繼續執政掌權。當然我們現在都曉得，要是如此，每天就會有數以千計的猶太人，在納粹集中營裡無

助地死去，不敢奢望有重獲自由的一天。

　　然而入侵德國一戰，需要迅速將大量的重裝軍備、上萬個士兵送到萊茵河的另一畔，這項任務有賴軍事作戰工程師完成，他們發現這需要五百六十九艘「登陸艇（storm boats）」——這種高速突擊艇每艘可乘坐八人，並裝有五十五匹馬力的舷外馬達，可以快速地渡河或跨海，好讓士兵「旋風式」地在對岸登陸。這是為什麼陸軍工程師會找上羅夫・門倫的家族快艇公司和另外兩間造船廠。

　　Correct Craft 公司每個月大約可以製造出四十八艘船（大概是每週十二艘船或是每天兩艘船的產量），不過在經過禱告尋求後，門倫家族在 2 月 10 號承諾，要在 2 月 28 前製造出三百艘特製快艇。這表示他們需要增加更多的人手和班表，而且整個工廠幾乎二十四小時不停工才有可能達到。即便當時這個目標看起來比登天還難，美國陸軍工兵部隊還派了造船專家擔任顧問，為要幫助這間公司盡快做好預備，以完成這個不可能的任務。他們是在禮拜五晚上收到這條訊息，隔天的一大早他們就做了承諾，一時一刻都不容延遲，但是，他們馬上就面臨到了一個重大抉擇。

　　門倫家是非常虔誠的基督徒，每到禮拜天工廠一定都會休工。他們認為既然自己在主日不上工，也不該要求別人這麼做。另外，他們每週三還會停工一小時，邀請地方的牧師來帶領員工們聚會。這些政府顧問告訴門倫家的人，要是他們希望達到這個大家都認為是「神蹟造船」的目標，一定要每週七天馬不停蹄的工作。拿出月曆一看，到三百艘船的交期日中間一共會遇到三個禮拜天，在緊湊的時間裡還要扣掉三個生產

日，這簡直令人難以想像，不過門倫家都明白，謹守安息日能夠帶來神奇大能。

過了幾年後，羅夫·門倫回想起這個事件並寫下：

> 在被問到（禮拜天是否要從事生產）的時候，幾乎是想都不用想——因為我們早在很久以前就與主約定好：「週日不開工！」我們定意要用能夠榮耀神的方式來完成這項任務，神對這間造船公司的心意，並不是要每週工作七天。我們要讓政府官員知道，這項工作本來就無法單憑靠人來完成。我們的信心是建立在：神必看顧我們，因此我們會努力照著神的方式來完成。如果他們堅持禮拜天要工作的話，那就請他們帶著合約打道回府吧。[2]

請注意，很明顯地，門倫先生了解我在本章裡所講到的原則——謹守安息日是為世人做一個見證。他看見自己的公司如果能夠堅持守主日，那將會是一個向不信和懷疑的人彰顯神大能和榮耀的好機會。他無法相信神會期望他們違背祂所看重的基本原則，因此他賭上了神的名聲，也試試看神是否真的會照祂所應許的成就。他向政府官員們掛保證說，有神的幫助，他們絕對可以在期限內達到目標，不過，他們絕對不會在主日的那天工作。

> **謹守安息日是為世人做一個見證。**

話雖如此，這番努力並沒有讓他們在一開始就有振奮人心的結果。第一個禮拜天停工的隔天，禮拜一一整天下來的總產量為……一艘。沒錯，正是一艘。現在他們必須在接下來的十五天裡再多造二百九十九艘船，但他們現在的速度是每天一艘。禮拜二的時候產量突然提升了三倍，造出了三艘船。禮拜三他們又完成了六艘，而且是在中間停下生產線，讓工人們照常去聚會的情況下。

經過三天努力生產後，他們一共造出了十艘船。當然了，他們也持續在尋找有沒有更多工人可以加班和受訓上工。不過這個緩慢的起步，讓門倫先生和他的親戚們跪下尋求；那天晚上，他們聚集在門倫先生家禱告，求主賜下智慧。很快地，他們馬上就得著了應允。門倫先生回憶道：

當天晚上，我的兄弟華特突然得到一個靈感，他想到要在現有的機具上加一台新機器，並做一些調整。[3]

光是在現有設備上做了這個調整，就使得整個產量大躍進。等到一同禱告那天想出來的機器緊急製作、上線後，整個產量就又進一步提升。開工一個禮拜後，到了 2 月 19 日，他們生產的速度，已經提高到每天可以產出四十二艘船。到了第二週，這些政府官員不敢置信得發現，Correct Craft 將提前達標，生產出三百艘的快艇，而且這中間他們每逢禮拜天，都一定會停工去參加崇拜。

還記得另外那兩間造船公司嗎？他們本來應該要照艾森豪將軍要求

的總量，造出剩餘數量的船隻。但即使他們已經每天二十四小時、每週七天馬不停蹄地生產，但進度還是嚴重落後。最後政府只好詢問門倫先生是否能夠在期限內，再多造一百艘船，這樣他們的總產量就達到四百艘了。他同意後，他們也確實辦到了；甚至在期限之前，就整筆交貨了。

在接下來的幾週裡，美國軍隊趕緊將七百多艘登陸艇運抵法國東部，預定載運盟軍士兵渡河到來茵河的對岸。不過，就在戰利品行動的前一晚，軍隊的指揮官才發現只有 Correct Craft 造的船才符合規格，能夠順利裝上讓船有動力渡河的舷外馬達，其他的三百多艘快艇最後都只能靠槳划行。

就這樣，1945 年 3 月 23 日那夜，在連續猛烈砲轟，和英國皇家空軍的低空支援掩護下，由羅夫・門倫公司在持守安息日的情況下，幾週前所打造出來的四百艘登陸艇，載著數以千計的美國士兵登上了德國領土。

不久之後，該公司榮獲美國海軍頒贈一個卓越製造獎，媒體也將此次造船的英勇事蹟稱為是「造船神蹟」（Miracle Production）。這確實是個神蹟，門倫也寫下了這段話：

> 過去這幾週，人們從美國各地湧入，想要親眼看看這個地方如何能在十五天內，在不缺席主日敬拜的決定下，仍然造出四百艘快艇。在我們看來，這不過是主榮耀順服的僕人的另一個例子。[4]

戰後，這間公司不斷成長，數十年下來他們又開發、併購了不少其他快艇品牌。如今，羅夫・門倫的企業，儼然成為歷史最悠久的家族造船公司，他們一路擴張，目前旗下囊括了 Bass Cat、Bryant、Centurion、Nautique、SeaArk、Supreme 和 Yat-Craft 等，不同遊艇品牌的子公司。過去幾十年來，這個家族持續按照聖經的原則在經營，如同各位所知，只要願意全心遵照神的法則做事，聖經裡的應許之一就是得享長壽。[5]

2018 年 8 月 11 日，老羅夫・C・門倫以一百歲的高齡辭世，他一生遵行神的法則，包含謹守安息日，使得他一生得享長壽和豐盛。在他回天家的訃聞上是這麼形容的：

> 那些早他一步上天堂的親戚朋友們，肯定是吹著號角列隊歡迎他。其中有不少人都是看到了老羅夫的生命榜樣，以及他堅定不移成為神話語的見證，才認識耶穌。他身後留下結縭八十一年的未亡人貝蒂・R・門倫；三個孩子分別為長女瑪利安・L（適亞伯）、長子小羅夫・C・門倫和次子肯尼斯・D・門倫；九個孫子和二十六個曾孫以及八個曾曾孫。

門倫先生很清楚這項道理，這也是你和我必須明白的：沒有方法會比按照神的法則做事還要更好。特別在最繁忙與高壓的時刻，若你願意按照神的方式行，祂必要在你的工作上賜福予你。另外也很重要的一點是，這將會向世人做見證，神是真實可信的；讓我們一起來更深地探討

這項真理。

世人都在觀看（和品嘗）

馬太福音的第五到第七章，完整呈現了耶穌的第一篇講道，一般稱之為登山寶訓。當主傳講這篇信息的時候，祂才剛結束四十天在曠野裡的禁食和受試探。是的，耶穌是代替你和我去受試探，而祂也通過了我們的祖先亞當所沒有守住的那個試探。

亞當和夏娃最一開始本是無罪、完全清白的，但卻遇到了撒但，又禁不住撒但的欺哄、試探而墮落。耶穌同樣是無罪、純潔無瑕疵的，祂也遇到了同樣的騙子和一樣的招數，但祂卻讓魔鬼失望地空手而回。然而，除了結果大不相同之外，這兩次相遇的經歷裡，還有另外一個極大的差異。

亞當是在全然豐盛和安逸中，誤信了一個虛假的應許而墮落；神把他們放在一個極為豐盛的園子裡，在那裡長滿了各式各樣的果樹。放眼望去，那地生意盎然、水源充足，十分美好──對各感官來說，彷彿都經歷了一場饗宴。在那裡，他們各樣的需要完全得到滿足。但對耶穌而言，卻完全不是這麼一回事，四十天的禁食後，祂在一片不毛之地遇見

試探。如果說亞當一無所缺，那麼，耶穌大概就是一無所有。但即便如此，耶穌仍是忠於神和自己的任務。這也難怪使徒保羅會在新約的兩本書卷裡，說明耶穌是「末後的亞當」——神派祂來恢復第一個亞當所造成的傷害。[6]

起初，亞當因著他的悖逆，釋放了黑暗和死亡（墮落和敗壞）。從那時候起，黑暗和死亡遍布全地，直到耶穌來到這世上。

既然知道了這點，我想大家就不意外聽到，耶穌在登山寶訓裡對祂的門徒們這麼說：

> 你們是世上的鹽。鹽若失了味，怎能叫它再鹹呢？以後無用，不過丟在外面，被人踐踏了。[7]

耶穌又接著說：

> 你們是世上的光。……你們的光也當這樣照在人前，叫他們看見你們的好行為，便將榮耀歸給你們在天上的父。[8]

講到跟從祂的人（順帶一提，這指的是你和我），耶穌宣告出了兩件事：你們是「鹽」和你們是「光」。讓我們來看一下耶穌這兩句話是什麼意思。

首先，當祂說「你們是鹽」的時候，很明顯地，不是在說你們是由氯化鈉，也就是鹽的化學成分所組成。我們的身體裡面確實都帶有相當的鹽分，不過，這並不是這句話的用意。你或許沒有注意到，不過聖經

裡面時常提到鹽，尤其是在舊約。

比方說，很多人都會很驚訝的發現，原來，舊約的祭物在獻祭前要先用鹽調味過。這是真的！耶和華在利未記裡頭這麼吩咐：

> 凡獻為素祭的供物都要用鹽調和，在素祭上不可缺了你神立約的鹽。一切的供物都要配鹽而獻。[9]

民數記也這麼說：

> 凡以色列人所獻給耶和華聖物中的舉祭，我都賜給你和你的兒女，當作永得的分。這是給你和你的後裔、在耶和華面前作為永遠的鹽約（鹽就是不廢壞的意思）。[10]

請記住，神在舊約中要以色列百姓做的每一件事，都有其特別用意和有象徵，神給以色列人每個指示中的每個細節都至關重要。每一件事都是指向耶穌，或是指向耶穌將要在新約裡成就的事。因此當聽見神說「立約的鹽」或是「鹽約」，我們就應該特別去注意，神在這裡指向什麼？

首先，鹽能夠保存（preserve）。早期在人類文明中，鹽就因為它能夠保存食物而受到重視，它能夠使東西保存得更久一些。這使得鹽有象徵永恆的意思，因此這是為什麼神在民數記會加上「永遠的」這幾個字，祂說：「這要在耶和華面前做永遠的約。」這裡的重點在於：神的約能存到永遠。

或許你曾聽過「聖徒的堅忍（perseverance）」這種說法，這是由神學家們提出來，形容凡是真正重生的基督徒，就必會持守住自己所信的道——換言之，就是一次得救，「永遠」得救。這兩者雖然有關，不過仍有些不同；其實這裡在講的是「保護」（preservation）聖徒們，神稱祂與以色列的關係為「鹽約」，祂在講的是：「我要保護你們。」事實上，神一共講了三次（詩篇裡講了兩次，箴言中又講了一次），祂說：「我要保護我的聖民。」[11]

我讀到這裡時，覺得很得安慰，你不覺得嗎？有三節經文都在向我們印證，只要我們是屬耶和華的，祂就必保護我們到底。

這讓我曉得我與神之間的連結，不在乎我要黏祂黏得多緊，而是仰賴祂守約的信實。申命記七章 9 節那裡也告訴我們：「……耶和華——你的神，祂是神，是信實的神；向愛祂、守祂誡命的人守約，施慈愛，直到千代。」另外在詩篇一百零五篇那裡也可以讀到：「祂記念祂的約，直到永遠；祂所吩咐的話，直到千代。」[12]

甚至神也不是只有在今生施展祂的大能來保護我們，神必保守你的靈魂，直到永永遠遠。透過耶穌基督，你已經與神立了約，因此你必存活到永遠。

這是為什麼神在舊約時代會吩咐在獻祭時，要用鹽來調和，就是在

預表這個永恆的保護。

在知道這點後，讓我們再回頭來看耶穌在登山寶訓裡所說的。祂對那些跟隨祂的人、祂的門徒們說：「你們是世上的鹽。」

即便聽起來有點戲劇化，但就算說神的百姓要保護這個世界，也一點都不為過。亞當釋放敗壞和死亡進入了這個世界，但是你和我的存在卻能夠使敗壞無處可容；在基督徒比較多的地方，應該要比較少經歷到死亡和敗壞。我有機會去到世上許多偏遠的地方，每當我去到一個幾乎沒有聽過福音，或是基督徒人口非常少的國家或文化，那裡都會充斥著死亡、壓制、不公、違法的事。

因為如此，看到我們的文化拒絕基督教的信仰原則與道德價值時，越發令人痛心。我們越是在公開場合拒絕、排斥和禁止基督信仰，就會看到越來越多的死亡與敗壞。

好消息是，在美國的每個角落都有神的百姓，凡是在教室、法院、工廠或高階主管辦公室，都可以找得到基督徒的蹤影。不論我們在哪裡生活或工作，我們也在保護，因為我們是這世上的鹽，這是耶穌說的！如果你還記得的話，這句話之後，祂馬上又說：「你們是世上的光。」

當然，耶穌不止一次講過祂是這世上的光，我們該如何看呢？到底是祂是世上的光，還是我們呢？如果你明白了這點，相信你就會完全明白了：在十架的這一頭，我們在耶穌「裡面」，祂也在我們「裡面」。這不正是約翰福音十七章裡，一般稱為是大祭司的禱告中，祂為我們禱告的內容嗎？就在耶穌被捕受釘十架的幾個小時前，祂禱告自己與門徒們要能夠「合而為一」，就好像祂與天父怎麼「合而為一」一樣。

我不但為這些人祈求，也為那些因他們的話信我的人祈求，
使他們都合而為一。正如祢父在我裡面，我在祢裡面，使
他們也在我們裡面，叫世人可以信祢差了我來。[13]

這是為什麼我們可以是這世上的光，因為這世上的真光在你和我的裡面，而且我們也在祂的裡面。事實上，你和我都是世上唯一的光。就好像約翰福音一章5節那裡提醒我們，黑暗無法勝過光，甚至光會驅走黑暗。另外，就好像我們在這世上必須扮演「鹽」的角色，這表示這世上的苦難和污穢（因為亞當所犯的罪），在我們身上都得到了解答。

> 你和我都是世上唯一的光。

我們既是鹽也是光，要來保護和照亮。我們要防止一切敗壞，並驅趕所有黑暗。我們應該為生命增添風味，也為人指明道路。

我也注意到耶穌講完了作鹽作光的這段話後，也同樣提出了相對應的警告。關於作鹽，祂說鹽若失了「鹹味」，就不再有用，只能丟在外面被人踐踏。在耶穌的時代裡，鹽一旦壞掉了，或是不再能夠用來保存食物或增添風味，人們就會把那鹽丟在路上，好讓那條道路不會雜草叢生，因為植物無法生長在鹽分過高的土壤裡。那時候，聽到耶穌講這段話的人完全明白祂的意思，他們知道失了味的鹽，最終會被丟在路上任人踩踏！

同樣地，就在耶穌講完「你們是世上的光」之後，祂馬上接著說，沒有人會在點了燈以後又把燈藏在斗底下，任何有理智的人都不會這麼做。相反的，耶穌說，如果你們花力氣把燈點起來了，就應該把它放在一個夠高、大家都看得到的地方，好叫那光照得越遠越好。

　　在這兩個作鹽作光的例子裡，耶穌說的是：你們的角色就是要保護和照亮。要是無法做到這兩點，那就完全錯失了神把你我放在這世界上最基本的用意。

> 你們的角色就是要保護和照亮。

　　有許多的事都會讓一個基督徒無法發光，也可能有不少的理由，會讓一個基督徒無法在可及範圍內發揮保護力。不過我很確信其中的一個原因：不謹守安息日。如果你一直都讓自己的四大健康量表處於沒油的狀態，那麼，你大概就會每天都拖著疲憊不堪、壓力過大的身軀，變成撒但最希望你成為的那種沒有喜樂、毫無能力、缺少平安、無力得勝的基督徒。

　　有太多的基督徒都是這樣在過自己的生活，疲倦使得他們成了失了味的鹽，沒有界線讓他們把自己的燈藏在斗底下。結果就是他們所處的世界只能越來越敗壞、黑暗，這是多麼可悲的一件事呀！

退一步，海闊天空

這件事可不只是影響到你個人而已，你看懂了嗎？你是否明白當你拒絕好好休息、好好充電，你不光是竊取了神渴望「你自己」經歷到的美好生命，同時也在傷害身邊那些你最愛的人——包含你的配偶、孩子，還有朋友們？你讓他們也無法經歷到他們生命中所需要的，那個活出美好和滿有恩典的你呀。難道他們不配得到最好版本的你嗎？那個精力充沛的你？桑德拉・道爾頓・史密斯博士在她所寫的《神聖的安息》一書中，就認知到這點：

> 我再也不想把工作中的這些毒素，帶回到我家的聖所裡。現在，每當我規劃個人安息時，這會是我的重點考量。我的家和我的生活或許離完美還有很大一段的距離，不過它們絕對值得我好好保護，這是為什麼我必須好好休息……我不能把我的丈夫當成失望情緒的垃圾桶，我也不能把孩子當成出氣牆。只要我的頭腦和心對齊了，我的家人就能夠與我一起同得獎賞。[14]

正如我們所見，不光是你所愛的人會需要你在好好休息和更新後，所能夠拿出的東西，就好像前面提過的漣漪效應，你的同事或是一整天下來會遇到的每個人，也都會因著神在你裡面的那份生命而得著益處。不過，這就得看你是否願意身體力行，找一個固定的時間，讓自己好好

去休息和充電。事實是，你人生中會遇到一些人，他們的永恆命定可能取決於那個好好休息過後的你。這些雖然是你影響得到的人，但唯有你發揮出在你裡面的光和鹽，才有可能去為基督贏得他們。

是的，神邀請你送給自己安息這份禮物。祂真的渴望看見你健康、完全和蒙福。而且，這絕非只關乎你個人而已。

注　釋

1. 馬太福音五章 14 ～ 16 節

2. 《快艇神蹟》（Miracle in Boats），老羅夫‧C‧門倫（Ralph C. Meloon）著，1946 年刊登於《週日雜誌》（SUNDAY Magazine）。

3. 《快艇神蹟》，門倫著。

4. 《快艇神蹟》，門倫著。

5. 請見申命記五章 33 節為例。

6. 見羅馬書五章 12 ～ 21 節；哥林多前書十五章 20 ～ 28 節、47 ～ 49 節

7. 馬太福音五章 13 節

8. 馬太福音五章 14 ～ 16 節

9. 利未記二章 13 節

10. 民數記十八章 19 節

11. 詩篇三十一篇 23 節；詩篇九十七篇 10 節；箴言二章 8 節

12. 詩篇一百零五篇 8 節

13. 約翰福音十七章 20 ～ 21 節

14. 《神聖的安息》（暫譯，原文書名：Sacred Rest），桑德拉‧道爾頓‧史密斯（Saundra Dalton-Smith）著（New York: FaithWords, 2017）；原文書第 205 頁。

第 9 章

安息與謙卑

容我重申，請絕對不要認為你可以憑一己之力來過合神心意的生活；而是要一直不斷地仰望、倚靠祂的幫助，是的，求祂賜給你力量與恩典。

—— 大衛・布萊納（David Brainerd）傳教士

這個主題即將來到尾聲，雖然神絕對希望你可以好好享受這個能夠使生命改變的安息，但此刻我們要來好好正視一個可能會攔阻你開始這個生活模式的巨人。

正如我們所見，有許多的原因使得基督徒無法完全活出這個安息日的祝福，甚至有時不免覺得好像全世界都一心想讓我們忙得焦頭爛額、緊張、容易分心、四處奔波，會覺得是這個現今世界的文化不允許我們休息。確實，與你靈魂為敵的惡者確實不希望你可以好好休息，但更常不想休息的人，其實是「我們自己」。

我們已經檢視了許多會使你分心的外力因素，讓你的思緒無法穩定地來到主面前休息、重新得力。貪婪是其中之一；我們總是想要擁有更多，或是認為自己還不足，也不相信神會以祂的方式增添。恐懼也是最主要的原因之一，休息到底有什麼好怕的呢？

- 怕落後
- 怕無法把每件事做好
- 怕無法升遷或是被肯定
- 怕讓人失望
- 怕別人會不認同
- 怕被認為自己很懶惰

但若是與接下來這個攔阻相比，貪婪和恐懼恐怕也得靠邊站，這個特別的攔阻尤其不希望你透過享受真實且全然的安息，而能夠在身心靈都變得整全。這個攔阻著你無法進入與神的盟約，並得著一切祝福的巨

人，是我們自古以來的宿敵，就是它導致人類犯下第一樁原罪，甚至原本在天上擔任天使長的撒但，也是因為它才會從天上墜落。當撒但在曠野裡來試探耶穌時，這也是牠用來要陷害祂，但卻失敗的三個試探之一。我在講的是驕傲。

沒錯，驕傲這個罪往往就是使神的百姓無法進入安息的最主要原因。要完全擁抱安息日的休息，不僅「需要認出」自己必須倚靠神，「還要願意」倚靠祂才行；但是驕傲卻會讓我們兩者都做不到。簡單地來説，似乎有某樣東西深植在墮落的人性中，不斷地想要説：「你們看！是我自己做到的！」好像自從人被逐出伊甸園之後，我們心裡面那個「孤兒的靈」就一直驅使著我們要死命地去抓取、刮取、拚命抓和胡亂抓，好像不這麼做就不覺得自己存在，但這卻只讓我們不斷地拿自己來和他人比較。

請回想在前一章裡，當我們看到耶穌對你和我宣告説：「我們是世上的光。」請用一個全新的眼光，看看耶穌講完那句話後是怎麼告誡我們的：

> 你們的光也當這樣照在人前，叫他們看見你們的好行為，便將榮耀歸給你們在天上的父。[1]

你看懂了嗎？在你我經歷了重生的神蹟後，神放在我們裡面的不論是生命還是光，都是為了要能歸榮耀給神，而不是歸功給我們自己。我們所能夠享受到的福分、達到的成就、或是所做的善工──都是為了把人引導到這位美好的天父面前。神祝福你和我是因為祂愛我們，但同時也是為了讓那些還不認識祂的人，也能夠渴望要來得著這份祝福！那些未信主的人應該要看著我們的生命，然後説：「這個人與神的關係看起來好像很棒，他整個人看起來很開心、

又有平安，而且很蒙福。好像無論他去到哪兒，那裡都會變得更好。他信的那個神一定是很棒的神，我也好想認識祂！」

神祝福你和我是因為祂愛我們，但是同時也是為了讓那些還不認識祂的人，也能夠渴望要來得著這份祝福！

　　這是為什麼神如此地看重舊約百姓是否有好好守安息的這件事。還記得嗎，神說那要作為一個證據。公路局會在高速公路上沿途設置速限的告示，因為司機們定期需要被提醒法定的速限。同樣地，每週守安息日就是固定且一直在提醒他們，還在這個需要倚靠神的盟約裡──提醒自己是屬神的百姓，以及祂是那位最終的供應和照顧者；也提醒自己不要倚靠自己的小聰明或是勢力。安息日同時也是在向外邦人證明，當外地或是鄰國的人，看見以色利人每週有一天不工作，卻還是能夠享受富足，他們就是個活生生的證據，證明了耶和華的良善與信實。

　　我再說，人會因著驕傲而有股衝動想要忽略那一切，我們總是會希望最好可以感覺都是我們做到的。就算沒有功勞，也會希望可以有苦勞，或是如果「榮耀」不全歸我們的話，可不可以至少有一部分也好。可是我們將會看到，倘若要與神立約，這點恐怕由不得我們。因為神在以賽亞書四十二章 8 節那裡說：「我是耶和華……我必不將我的榮耀歸給假神。」

當神說：「要安息。」祂就是要我們全然地安息。

亞伯蘭的小睡片刻

亞伯蘭準備要完成他有生以來最大的一筆生意；就好像西元前兩千年左右，在近東地區一帶許多的遊牧民族首領一樣，他除了自己畜養牲畜之外，也是個精明的生意人，因此在過去這八十多年來，談過了無數的生意、工作、交易還有約定，可以說簡直多到數不清了。不過，最近有個人卻出乎意料地找上他，而且此人與過去曾與他做過生意的人都非常不同，對方提出的要求更是從未見過。

幾年前，創造了天地和宇宙萬物的造物主，竟意外地造訪了亞伯蘭。這實在相當地不可思議，因為亞伯蘭——是在迦勒底吾珥的這個地方長大，城裡大部分的人都是膜拜叫鑫（Sin）的假月亮神——因此他原先根本不知道原來有耶和華這位神的存在。可是神卻看中了亞伯蘭的內心和性格裡的某樣部分，認為他很適合被選召來完成某個特定提議。

這個提議是：神要使亞伯蘭成為一個大國，並使他的後裔多到如同天上的星星和海邊的沙一樣多。此外，在他的後裔當中，有一人要使世上列國都因他而蒙福。這個提議實在是好得不得了，那亞伯蘭的這一方，又有何義務呢？他只需要信就好，就這麼簡單。他這邊唯一可以討價還價的部分，就是看他要不要相信神必會照著祂所應許的去行，而這也是神最一開始相中亞伯蘭的人格特質——「這個人必會信我，我就以此為他的義了。」神這麼對自己說。

當神應許亞伯蘭，他將會有難以計數的後裔，這點對他來說，實在是件不得了的大事，因為這麼多年下來，他一直都膝下無子。他與太太撒萊就是怎麼都無法懷孕，因此神在這裡應許他的若是成就了，這可是個了不起的神蹟啊。

在他的那個年代裡，這麼重要的約，肯定得要有個立約典禮。而神也的確指示了亞伯蘭要為此儀式準備哪些必要的東西，基本上是給了一份購物清單：「你為我取一隻三年的母牛，一隻三年的母山羊，一隻三年的公綿羊，一隻斑鳩，一隻雛鴿。」[2] 亞伯蘭對於這類正式的儀式一點都不陌生，他一聽就曉得這些事要做什麼用的。他可能看過別人立約時怎麼把祭物劈開，或許他自己就曾擔任過立約方也不一定。這些動物是要被宰了並劈成兩半，並在中間相隔了些距離地對半擺放。把所有祭物排列好，擺放得像是中間有條通道或走道，然後立約的雙方就要手勾著手地從中間那條走道走過，邊走邊宣示出雙方的承諾、信守和必會忠於這個約定。基本上，雙方在說的是：「要是我違背了這個約定，願我就像這些動物一樣被劈成兩半。」

在他們約好要立約的那一天，天色漸晚，亞伯蘭已把所有的動物都預備好，一切都準備就緒。就在他準備好要與這位新立約的夥伴，從那些肉塊中間走過去時，在這一刻，突然發生了一件預期外的事，神竟讓亞伯蘭睡著了！創世記十五章是這麼說的：「日頭正落的時候，亞伯蘭沉沉地睡了……」[3] 這感覺就好像在新郎新娘正準備要交換誓詞的時候，新郎突然把新娘給打昏了一樣。

接著，當亞伯蘭沉沉地睡著的時候，這場立約儀式就在他缺席的情

況下完成了：

> 日落天黑，不料有冒煙的爐並燒著的火把從那些肉塊中經
> 過。當那日，耶和華與亞伯蘭立約，說：我已賜給你的後裔，
> 從埃及河直到伯拉大河之地……。[4]

　　兩個象徵性的物品從這些獻祭的肉塊中經過，完成了這個神與亞伯蘭之間的約——冒煙的爐和燒著的火把。其中一個代表著立這個約的神，另外一個則代表……可以說是個代理人。有人頂替了亞伯蘭的位置，並且為亞伯蘭這一方來作保立約。你了解嗎？一個有瑕疵、墮落且有罪的人，永遠無法靠自己與這位聖潔的神進入這種親密之約，他大概只會把一切給搞砸。亞伯蘭發現原來自己在這整件事裡唯一要做的事，就是相信和「安息」。而且很重要的一件事是，安息的那部分還是神讓他睡著的！

> 有人頂替了亞伯蘭的位置，並且為亞伯蘭這一方來作保立約。

　　如果你知道亞伯蘭這個故事的後續發展，你就會曉得過沒幾年，在等候神來使這個應許成就的過程中，他漸漸無法好好地安息和信靠神。他和太太撒萊都有些等不及了，於是就想要做點什麼來幫神個小忙。亞伯蘭的努力後來就生出了以實瑪利，在接下來的幾個世紀裡，以實瑪利

的後裔也不斷加增到成為一個極大的民族，許多人都相信他是現代世上所有阿拉伯人的祖先。看到以實瑪利的後裔大大地增多，我們不應該感到訝異，因為神之前給亞伯蘭的應許確實就是，他的後裔會像海邊的沙和天上的星一樣多。神的祝福既然已經說出口了，就必會生效；即便以實瑪利並不是神原先的心意，但他仍是亞伯蘭的子孫，因此神倍增的祝福也還是適用於他。只不過，他畢竟不是應許之子，能夠祝福全人類的只有應許之子的後裔。亞伯蘭必須回到原先的安息和對神的信靠，才能看見這個神立約應許要賜給他的兒子。還好他確實做到了，也才有後續的救贖性歷史。

持續安息

我認為神在亞伯蘭準備與祂立約的關鍵時刻讓他睡著的這一點，實在非常地重要，因為神與你和我有天都會立下像亞伯拉罕之約，這種充滿了應許的美好約定。但是我們這些有罪的墮落之人，無法與這位聖潔的神進入這樣的應許之約裡，這是為什麼神要差派祂的獨生愛子耶穌來成為我們的代理人，代替我們在這些肉塊中間行走。沒錯，當亞伯蘭睡著了的時候，就是神的兒子替他站在中間，與神肩並肩地走在那些動物的肉塊中間。

神不是第一次這樣先讓一個人沉沉入睡，然後再去祝福他，或是成就某個應許。如果你還記得的話，神在創世記一開頭就對亞當說：「這人獨居不好。」[5] 神創造時做了那麼多事，這可是祂頭一次沒有說：「這

是好的。」神回應這點的方式是告訴亞當說，祂會為他造一個配偶。但為了做到這點，神也是讓亞當沉睡，等他醒過來的時候，神的應許就已經實現了，祂沒有要亞當幫祂。創世記二章翻譯為「沉睡」的希伯來原文字是 tardemah，如果我告訴你，聖經中用來形容神使亞伯蘭沉沉地睡了的那個希伯來文字是同一個字，你會感到驚訝嗎？

當神要做一件唯有祂才能做到的事時，我們唯一能做的就是只有安息和信靠。沒錯，當神指示了下一步之後，我們必須順服，就像亞伯蘭也必須順服神去準備立約儀式所需要用到的各樣動物。但若是講到要實際成就神所應許的約，神要我們處於一個休息的姿態。為什麼？因為榮耀是屬於祂的！

> 當神要做一件唯有祂才能做到的事時，
> 我們唯一能做的就是只有安息和信靠。

當希伯來書的作者寫下這段經文的時候，很明顯地，他已經理解了這項真理，所以他才會說：「必另有一安息日的安息為神的子民存留……所以，我們務必竭力進入那安息……」[6] 我們讀了這段經文好幾次了，不過在這段經文裡，永遠都有更多的金子值得我們更深地去挖掘，尤其如果講到耶穌基督是替我們立約的代理人，而你又渴望更多了解該如何在祂所成就的工作裡全然地安息。首先，正如這個書卷的名稱《希伯來書》所說的，這卷書主要是寫給在第一世紀的猶太人，不論是已經

認耶穌為彌賽亞，或是正在考慮要接受這點的猶太人，記住這點將會有所幫助。總地來說，這卷書非常強大地列出所有舊約裡的預表是如何指向耶穌，以及耶穌又是如何實現了律法。換句話說，希伯來書就是——向猶太人陳述，為什麼在耶穌裡的新約，不管從哪個方面來看，都更勝於舊約——包含有著更好的應許和更棒的大祭司。作者在第三章開始警告這些猶太人讀者，如今他們就好像當年在應許之地邊界上紮營的先祖一樣，也面臨到了必須做出抉擇的時刻。

他提醒這些猶太人，當年有一整個世代都無法安居在迦南美地裡，他特別引用了詩篇九十五篇，引用了耶和華所說的話：

> 因此，正如聖靈說：「你們今天若聽見祂的聲音，不可
> 心裡頑固，像從前在曠野試探祂、悖逆祂一樣。
> 當時，你們的祖先試我、探我，觀看我的作為達四十年
> 之久。
> 所以，我向那世代的人發怒，說，『他們總是執迷不悟，
> 不認識我的道路。』我就在憤怒中起誓說，『他們絕不
> 可進入我的安息。』」[7]

希伯來書作者在這裡很直白、坦率、急迫地告誡讀者，他們也必須做出抉擇。他們要不是相信神話語講到關於耶穌的部分、接受祂，並且重生進入神國的這個應許之地裡得享安息，不然就是因著不信，那他們就會像神在這裡所說的那個世代一樣：「他們絕不可進入我的安息。」第三章最後一節經文這麼說：「這樣看來，他們不能進入安息是因為不

信的緣故了。」我在本書裡也不斷重複提到，完全擁抱守安息的法則是需要憑信心跨出去的。不僅需要信靠神，更需要有如孩子般的信心，相信祂有能力，也願意供應自己一切所需。

然而，關於安息日，還有另外一個非常重要的面向；就好像神邀請我們在身體和心理上好好地休息，只要我們願意接受並照著這個真理行，它對我們來說，就會是好消息。

歇了取死的工

第四章是個嚴肅的警告——雖然最主要是在警告讀這封信的猶太人讀者，但同時也是在警告身處在各地的所有人——千萬不要錯過了這個只要信耶穌就能夠進入的全新和最終的應許之地，也是神讓我們可以享受的安息。他懇求地說：「親愛的猶太兄弟姊妹們，我們的先祖在曠野裡已經錯過一次，請千萬不要再重蹈覆轍！」

所以，那進入安息的應許，既然還給我們留著，我們就應該戰戰兢兢，恐怕我們中間有人像是被淘汰了。因為有福音傳給我們，像傳給他們一樣，只是他們所聽見的道，對他們沒有益處，因為他們沒有用信心與所聽見的打成一片（「沒有用信心與所聽見的打成一片」，有古卷作「沒有用信心與聽從這道的人打成一片」）。然而我們信了的人，就可以進入那安息。正如神所說：「我在烈怒中起誓說，他們絕不可進入我的安息！」其實神的工作，從創立世界以來已經完成了。[8]

作者接下來又指出，當神在六天內很迅速地完成創造之後，是祂自己先示範了要如何進入安息。隨後他又以一個充滿大能的宣告做為總結說：「必另有一安息日的安息為神的子民存留。」[9]這節經文我們也已經看過不只一次。只是我們之前沒有特別去仔細看，作者如何用接下來的兩句經文繼續解釋：

> 因為那進入安息的，乃是歇了自己的工，正如神歇了祂的
> 工一樣。所以，我們務必竭力進入那安息，免得有人學那
> 不信從的樣子跌倒了。[10]

　　請再讀一次這幾節經文，並回想一下安息日這個字的希伯來文字根是*shabbat*，它其實字面上的意思是「停止」，*shabbat*的意思是停下來、不再做。因此當這裡說神「歇了」工，其實就是指神「安息了」。這點請各位先記在心裡。

　　最後，作者提醒完我們，神不僅看見也知道所有的事之後，他在最後用整本聖經最寶貴也最令人得安慰的一個應許，作為本章的結尾：

> 我們既然有一位已經升入高天尊榮的大祭司，就是神的兒
> 子耶穌，便當持定所承認的道。因我們的大祭司並非不能
> 體恤我們的軟弱。祂也曾凡事受過試探，與我們一樣，只
> 是祂沒有犯罪。所以，我們只管坦然無懼的來到施恩的寶
> 座前，為要得憐恤，蒙恩惠，作隨時的幫助。[11]

因為在你和我重生時，神就已經將耶穌的公義賜給了我們，因此，當我們這些信祂的人來到天上的寶座前，並不是要來被審判，在這個寶座上也沒有憤怒、怒氣或是譴責。當你與天父互動時，你是來到「施恩座」前。這個福音所傳講的實在是好消息啊！

> 當你與天父互動時，你是來到「施恩座」前。

作者最後總結這段經文時，他提到要進入新約時代的「應許之地」裡找著那份「安息」，並說這個真理真的是福音中，一個再基本不過的基要真理。作者在希伯來書第六章的一開頭這麼說：

> 所以，我們應當離開基督初步的道理，努力進到成熟的地步，不必在懊悔致死的行為，信靠神……（新譯本）

作者在這裡說「不必在懊悔致死的行為」是什麼意思呢？首先，理解這節經文的關鍵在於，要曉得神在這裡是在對猶太人說話，他們一生都被教導必須拚命和掙扎（靠努力），才能得到神的接納。就好像我們看到耶穌只因為在安息日行醫治就被論斷，這些拉比、法利賽人和律法師，把舊約信仰的純粹變成了把人壓垮、負擔沉重的拚命（努力），好換得神的接納與認同。希伯來書的作者在說這個更好的新約就像是亞伯

蘭怎麼進入與神的約一樣，雖然聽起來有點好得不像真的，但是在新約底下，你不是靠努力、賺取，或是用任何的功績去與神建立關係，而是透過沉睡（安息）和由代理人（耶穌）來為你完成這約。

事實上，一旦嘗試透過自己的努力賺取或是想要論功行賞，都會讓你立刻失去進入此約的資格，就是這位作者說「懊悔致死的行為」的意思。你必須悔改，並且不再嘗試靠自己的行為去與神建立關係，你必須禁止（**歇了**）一切自己的宗教苦行。相反地，就是單單相信福音，並信靠耶穌有能力為你撐腰。這在靈裡是可行的，因為正如保羅不斷在自己的信裡重申的，重生之後你就在基督耶穌裡，基督耶穌也在你裡面，這兩者同時都是事實。耶穌在與神立約的這一方，為全人類完美地成就了一切，你之所以可以有分，是因為如今你在祂裡面，祂也在你裡面。就像祂在大祭司的禱告裡所說的一樣，你已經與耶穌合而為一。

這是為什麼希伯來書作者要一再地明確警告讀者們，千萬不要讓自己落得無法進入神所賜要給屬祂百姓的安息。讓我們一起來複習一下，講到安息——即別再想靠那些於事無補的努力，去讓自己有資格得到神的接納——他這麼說：

- 他們不能進入安息是因為不信的緣故了（希伯來書三章 19 節）
- 我們就應該戰戰兢兢，恐怕我們中間有人像是被淘汰了（希伯來書四章 1 節，新譯本）
- 因為那進入安息的，乃是歇了（安息）自己的工，

正如神歇了祂的工一樣（希伯來書四章 10 節）

- 所以，我們務必竭力進入那安息（希伯來書四章
  11 節）

- 懊悔死行是活出基督徒生命的基本基礎要點；就
  像嬰孩要喝奶一樣地基本（希伯來書五章 12 節～
  六章 1 節）

　　因此某個程度上，進入新約中各樣祝福的意思是好好地睡上一覺，讓耶穌為你走完立約時，你這方所該做的一切。這表示信主後若要經歷豐盛，就跟當初怎麼成為基督徒一樣——完全安息在立約時所需要的耶穌完美工作裡。就是謙卑且充滿感激地進入休息的狀態，並且持續地讓自己處在安息中。

　　或許你現在才剛開始了解，為什麼驕傲是使人無法進入安息的一個主要攔阻，因為安息確實需要謙卑自己，向自己和神承認你辦不到，以及我們唯一能做的就是去信。但驕傲痛恨這點，因為驕傲想要當大爺、驕傲想要賺取、驕傲想要去和他人比較，拍著自己的胸脯說：「我做得比別人都還多。」

　　進入基督徒生命該要有的安息的意思是，要張開雙手領受一份白白得來的禮物，就如同保羅所寫的：

　　你們得救是本乎恩，也因著信；這並不是出於自己，乃是
　　神所賜的；也不是出於行為，免得有人自誇。我們原是祂
　　的工作，在基督耶穌裡造成的，為要叫我們行善，就是神

所預備叫我們行的。[12]

　　你有沒有因為很在乎某個人，而送給對方一個極為貴重的禮物，希望可以祝福到他／她，但是沒想到對方非但不感激，還開始發了狂似地一直在想，到底要怎麼樣才可以報答你？那就是驕傲。驕傲基本上閒不下來，也無法領受或是懂得感恩。

　　我們剛剛看的這段經文裡有講到「行善」，是神老早就預備要我們去行的。那些所謂的「善工」呢？如果神不會因為我們多麼地努力，或是拚命才接納或是擁抱我們的話，那又何必要「行善」呢？讓我們透過底下講到靈在基督裡安息的啟示，來更深探討這個問題吧。

善工是湧流自你與神的連結

　　確實，神希望我們每週都要實際好好休息一天作為安息，並讓自己的四個量表都可以完全達到滿格。自從開始探討這個主題以來，我們曉得這可是需要信心（信念）才辦得到，同時也看見神會用超自然的倍增和供應來獎賞這樣的信心。但就如同我們在這章裡所發現的，完全照著安息日的法則去守安息所具有的意義絕對不僅只如此。

　　從剛讀到的那些經文我們可以看見，安息在靈的層面上，代表的是一種能夠因著耶穌在十架上所完成的大功，而全然平靜安穩的一種心態。那是按耐住不嘗試靠努力去贏得自己在神家中的地位，因為那麼做無疑是有辱神的恩典。那也是種生活和思考方式，好讓自己不去小看

耶穌為了代表我們立下這個長久以來的美好新約，所必須付上的驚人代價。

> 安息，是一種能夠因著耶穌在十架上所完成的大功，而全然平靜安穩的一種心態。

那所謂的「善工」呢？耶穌不也是要我們讓世人看見我們的好行為，好歸榮耀給神嗎？雅各書也說，信心若是沒有行為是死的，不是嗎？確實是「是的」與「阿們」，沒錯！

重點在於要了解，不論是好行為或是善工，都無法為我們「賺取」與神之間的連結，不過，好行為的確是一旦連結於神之後，就自然而然會產生的結果，當我們處於與神連結，並得著生命的關係裡時，就會自然地流露出好行為。你無法透過自身的努力來證明自己有資格成為或是持續作神的兒女，既然說了是恩賜就是白白得來，只能透過領受而得著。可是當你一變成了神的兒女，就會發現要展現出自己像天父的那些特性，實在是再自然不過的一件事。

> 我們不是為了與神建立關係才有好行為，而是因為與神有關係而有好行為。

換句話說，我們不是為了與神建立關係才有好行為，而是因為與神有關係而有好行為。耶穌就是因為明白這點，所以祂才會對門徒們這麼說：

> 我是真葡萄樹，我父是栽培的人……你們要常在我裡面，我也常在你們裡面。枝子若不常在葡萄樹上，自己就不能結果子；你們若不常在我裡面，也是這樣。我是葡萄樹，你們是枝子。常在我裡面的，我也常在他裡面，這人就多結果子；因為離了我，你們就不能做什麼。[13]

　　從耶穌的這個宣告可以明顯看得出來，要是我們沒有持續與神連結，就無法結出真實、永存的果子。但只要我們「常在」祂裡面──也就是在祂為我們所做成的工裡安息──就會不斷地一直結出果子來。而當別人看見了我們的好行為，就能夠使神得榮耀。事實上，在同一段經文裡，耶穌後面又說：「你們多結果子，我父就因此得榮耀。」[14]

　　好行為確實相當重要，真正的好行為，而且只有當你常在耶穌裡（在祂裡面得享安息），結出的果子才能夠使神得榮耀，那榮耀也不屬於你。一旦你把好行為視為是個可以用來賺取恩寵、祝福、接納或是神的慈愛的手段，就形同是離了安息，並讓驕傲有機可趁。

　　神的百姓直到如今仍是能夠進入安息；只要你願意謙卑自己、像孩子般地去信靠並領受那份安息，讓自己常在那份安息裡，並在安息中發旺和多結果子。

1. 馬太福音五章 16 節

2. 創世記十五章 9 節

3. 創世記十五章 12 節

4. 創世記十五章 17 ～ 18 節

5. 創世記二章 8 節

6. 希伯來書四章 9、11 節

7. 希伯來書三章 7 ～ 11 節（當代譯本）

8. 希伯來書四章 1 ～ 3 節（新譯本）

9. 希伯來書四章 9 節

10. 希伯來書四章 10 ～ 11 節

11. 希伯來書四章 14 ～ 16 節

12. 以弗所書二章 8 ～ 10 節

13. 約翰福音十五章 1、4 ～ 5 節

14. 約翰福音十五章 8 節

第 10 章

此時不休，更待何時

你累了嗎？你是否感到筋疲力竭、受夠了受致了呢？來到我這裡來，與我一起離開這一切，你將能夠重新得力。我會讓你知道如何真正地好好休息，與我一起同行、同工——來看我怎麼做，學會不靠蠻力的恩典節奏。

—— 馬太福音十一章 28～29 節
（直譯自英文信息版聖經）

已逝的克萊門特・史東（W. Clement Stone）的人生，是個白手起家的了不起故事，也是小說家愛爾傑（Horatio Alger）很擅長寫的那種故事。史東於 1902 年出生在芝加哥，三歲大的時候父親過世，只留下了一屁股的債給他守寡的母親。他母親是做裁縫的，等他六歲大的時候就在南區街角賣報貼補家用。

很顯然地，史東天生就很有生意頭腦。他還不到十三歲就開了一間自營的報攤，等到滿十六歲他就從高中休學，但還是考過了當年等同於 GED 的高中學歷認證考試，隨後搬去底特律賣意外險。等到他二十歲的時候，就借了一百塊美金並且開了一間人壽與意外保險公司，取名為「美國聯合保險公司」（Combined Insurance Company of America）。該公司發展得很好：不光是撐過了 1929 年的股市崩盤和經濟大蕭條，最終還成為全美一大保險業者。到了 1979 年，公司年度財報顯示總資產超過十億美金。

從小時候在街角賣報紙到青少年時期締造保險業界的銷售奇蹟，史東保險公司底下的業務員個個都受訓精良，這是他公司能夠成功的一大原因。他與同時期的諾曼・文生・皮爾（Norman Vincent Peale）都明白正面思考的力量，也是這個領域的先鋒。聯合保險的員工經常會在彼此打招呼的時候愉快地問對方：「你今天有正面積極（PMA）嗎？」PMA 是正面積極心態（positive mental attitude）的英文縮寫。不過，或許史東傳授給底下銷售人員最有效也最有用的事，就是靠著一個簡單要訣去幫助他們克服了拖延的毛病。

因著自身的經驗，他了解做業務就是很容易會在情緒上過不去，或

是經常讓人感到沮喪，他也知道這說穿了，其實就是個數字遊戲。只要上門拜訪或是電話開發的量夠多，自然業績就會起來。每被拒絕一次，就表示你離成功又更近一步了。挑戰就在於要怎麼讓業務人員不要一直不去打那些很難打的開發電話。當人害怕被拒絕、有壓力和感到沮喪的時候，很容易會一拖再拖。史東知道他必須找到一個方式，幫助這些保險員在難以抉擇的關鍵時刻能夠有所突破。

> 每被拒絕一次，就表示你離成功又再更近一步了。

　　史東最後想出了一個簡單得不得了的法子，他製作了好幾千枚銅幣，在兩面都刻上了「現在就做」幾個大字。

　　所有的保險員在到任的那天，就會拿到一枚這樣的硬幣，他們被訓練要隨身放在口袋裡，也很快就學到，只要來上班就一定會帶著它。每次打陌生開發電話或是聯絡潛在客戶前，只要稍微有點遲疑，他們被教導就要從口袋裡拿出那枚硬幣，去感覺一下刻在上面的那幾個字。手一摸到的時候，他們就會想起硬幣上所刻的：「現在就做！」說也奇怪，這個簡單到不行的方法卻異常有效。無數的業務員在猶豫不決的當下，不過是伸手進口袋摸了一下那枚硬幣，好像就突然獲得可以按下電話號碼，或是去敲那扇門的決心。就是因為有這群既積極又有超高效率的業務人員，聯合保險持續以不可思議的速度成長。史東在 2002 年以一百

歲的高齡辭世；當年他用一百元就創立的這間公司，一直以來都像是他的孩子一樣，在他逝世沒幾年後，以二十五億六千萬美金的價格售出。

據說在聯合保險公司裡，如果有某位非常成功的資深前輩訓勉新進人員，大概都會把手伸進口袋，並拿出自己的那枚硬幣。他們手中的那枚硬幣，幾乎沒有例外地很光亮，兩面都已被磨平，也看不出來原本深深刻在上面的字──這就證明了每當遇到難以抉擇的關鍵時刻，只需要個小小的鼓勵，就能夠勝過這喜愛拖延的仇敵。

該做決定的時刻

此刻的你也必須做出決定，就是當你讀完這些字的時候。你和我一起走了這麼一遭，看完聖經明顯有許多證據，證明神仍在對你提出此邀約、問你願不願意和懇求你加入祂的行列，並進入安息。不過，這是你必須自己做的選擇，神不會逼你要休息。雖然後來我發現，你的頭腦和身體終究會逼得你非休息不可。如同我們所看到的，安息日是你可以送給自己的一份大禮。

或許你被說服了，認為守安息日確實有其必要、大能和重要性（我由衷地這麼盼望），也或許你有意要照著我所呈現給你看的去行……在不久的將來。你可能已經蓄勢待發地在心裡盤算著要開始每週休息一天，讓自己可以好好休息和重新充電，並且連結於神……只不過，還有些事情你必須先去打理好，只要再完成另一個專案。你不過是希望可以讓這季的數字再漂亮一點。兩個孩子需要戴牙套，其中一部車需要換輪

胎了，只要能把那些錢都付清，你就一定會讓自己開始每週有一天什麼事都不做。確實，你現在總算發現，原來，自己的四大健康量表一直以來都快要見底，但最近真的不是可以定期躲起來去放空的好時機。可能你就快有機會升遷了，這樣看起來有點不負責任。

如果一想到要休安息日，你的腦中也會立刻浮現上述的任何一種或類似的想法，我從主那裡領受了幾個簡單的字要給你：

現在就做吧！

讓我們暫時先不去看這個決定在屬靈或是超自然層面的意涵，而是單純從自然的角度來看，為什麼我們應該要一生操練每週休一天安息日。有許許多多的研究和證據都指出，倘若一個人沒有休息夠的話，就無法展現出自己最好的那一面。還記得林肯總統講到把斧頭磨利的那句智慧話語嗎？當你的量表完全空空如也的時候，你就會比較沒創意、無法專注、不細心、沒靈感、沒耐性、不仁慈、不具說服力，也比較不吸引人。你的判斷力會受影響，並做出不好的決定，辦事效率大幅降低，完成一件事得花比平常更久的時間。也因為你的犯錯率變高了，導致很多事都得從頭來過。

以上這些都是安息不足症候群所必須付出的隱形代價，當代的這場隱性大瘟疫要人付上的代價可能遠超過你所意識到的。你看，就算我們說天上沒有神好了……假使真的沒有充滿愛的超自然大能來幫助和祝福你……但只要照著安息日的模式去過生活，你「仍」會過得越來越好。

喔，但是親愛的朋友，天上的神是真實存在的，祂那能行奇事的大能隨時預備好要祝福、加速、加快、加增和倍增，只要人有願意順服的信心去信靠，就能釋放出那大能。所有願意尊榮守安息日原則的人，都會發現從天上來的風，正從背後助自己一臂之力。就好像箴言十章22節的提醒，當你的生命因著耶和華的祝福而有所增添，那份祝福並不會為你加添憂慮。這項真理就好像是枚硬幣，如果反過來說，當你嘗試要靠著自己的努力讓自己蒙福，你就會發現，不論你汲汲營營地為自己積攢了多少財富，總是會有許多憂慮尾隨在後。

> 所有願意尊榮守安息日原則的人，都會發現從天上來的風，正從背後助自己一臂之力。

「好啦，羅伯特，」你可能在想：「我信你了，我想要開始守安息日。那現在該怎麼做好呢？我選好要在哪天休安息日了，那我那天該做什麼好呢？」這個問題的答案會因人而異，不過，我還是樂意與你分享一些大家都適用的自明之理。

四大量表重新得力的安息策略

請容我先提醒各位安息日的目標就是要好好休息，不是為了求刺激或是休閒娛樂，更不是要從事生產相關的工作。因此，很可能當你在規

劃自己的休息日時，你會有這樣的想法：「那感覺好像會有點無聊。」希望你會記得，我們在休安息長假這一章裡所講到的「休耕」原則，我們有談到無聊不見得是件壞事，尤其如果你才剛開始休安息日的話，就更會如此。因為我們實在太習慣處於忙碌、過度刺激和同時多工的狀態，基本上，只要醒著，五官就會被各樣的資訊不斷轟炸，因此一旦安靜和靜默了幾個小時，就會覺得……哪裡不太對勁。事實上，若是講到深度的休息，無聊是必備的特徵，而非錯誤。不管怎麼說，你恐怕得花上一段時間，才能斷開對於忙碌的癮頭，開始在緩慢和安靜的環境中感到自在，並因此而重新得力。

當然，這麼說不是指在安息日都不能有任何休閒娛樂或是樂趣；正好相反，你要先了解自己需要讓四大量表都充飽電——即身體、精神、情緒和靈命，這樣才會知道要怎麼規劃安息日是你可以享受和從中獲益。好像我前面曾提過的，我個人發現看部好笑的電影、或是某些逃避現實的小說，都可以為我的精神量表充電。可是我不會整個安息日都守在電視機前或是埋首在書中，我知道自己的四個量表需要專注在不同的事情上。比方說，我知道花時間與黛比、我的孩子和孫子們相處，會為我帶來情緒上的恢復和更新。

至於身體量表，如果天氣允許可以去戶外散個步，會大大地讓我重新得力與更新。請注意，我沒有說：「要在跑步機或是攀爬機上努力揮汗四十分鐘。」當然，如果想要從事比較激烈的運動，或是有些健身目標，那當然也沒有問題。可是安息日不該用來達成你個人的目標，「達標」應該是在每週的剩餘六天裡面去做，安息日這天應該是要想怎麼享

受在其中、得著樂趣和被更新。進到大自然，總是會莫名地讓人很深地被更新；好像當周圍有綠色的草地、樹木、植物和花朵，頭上有著藍天和白雲，能夠呼吸到新鮮的空氣和鳥叫聲在耳邊響著的時候，我們總是能夠以一種難以形容的有效方式來充電。在某個溫暖的春日或夏天，脫掉鞋子和襪子去站在柔軟的草地上，並讓陽光灑在你的臉上。閉上眼睛並發自內心地去感謝神，因為能夠活著就是一件值得感恩的奇妙之事了。

> **進到大自然，總是會莫名地讓人很深地被更新。**

活著耶！我再也不會視這件事為理所當然了，畢竟 2018 年的 4 月，我可以說是千鈞一髮才沒有提早回天家，那時候我和太太在我們郊區距離市區大約一個半小時車程的住處，可以說是前不著村、後不著店。原本一開始我都還好好的，可是突然整個人暈了過去，讓我美麗的太太嚇了好一大跳。她立刻打電話叫救護車，急救人員抵達的時候，一度還量不到我的血壓，脈搏也弱到幾乎快找不到。後來才知道，原來我因為兩條動脈破裂，造成大量內出血，失去了大約一半血量。

急救人員告訴我太太，如果是搭救護車，我大概撐不到最近的醫院，所以他們會幫我呼叫一架緊急醫療直升機。等到準備要上那架直升機的時候，我已經恢復意識了。現場一位急救人員把黛比拉到一旁並對她說：「妳可能最好要把握時間，把一切想講的話說一說。」言下之意，這很可能就是我們進入永恆前最後一次彼此對話的機會了。我們兩個在那

當下都認為我大概要走了，因此我們是向彼此道別。不過，我倒是一點都不害怕，也沒有難過。正好相反，我內心有股平安之感席捲而來。只不過，可憐了我太太那時候還得拿著手機，幫我錄下我要給孩子和孫子們的遺言。

我實在十分感謝那些急救人員的努力成果；雖然我一共動了兩次手術，又分別在加護和一般病房各待了四天，但很明顯地，我活下來了。後來是又過了四、五個月的時間，我的血壓才恢復正常，直到第八、第九個月，我的體力才完全恢復。

如同我說的，我真的很高興也很感謝自己現在還活著，會這麼說不是因為我怕死，我當時就不怕了，現在更可以坦然面對。我很難形容在那關鍵時刻，我內心幾乎快要承受不住的那份平安，我知道自己大概只差一步就會見主面了，那當下要是真的能見主面，大概也會是我人生中最棒的時刻。但不是因為這樣，我之所以很開心，是因為我能夠為救贖我的王持續在這地上發揮影響力，而有天我將要與祂面對面。也因為我可以有更多的時間與黛比相處，並且看著我的兒孫們，怎麼開始為神的國做那專屬於他們的獨特見證。

安息日讓我有時間按下暫停鍵，並回想起能夠活著是多麼美好——以及能夠在這地上作神兒女也是好得無比。安息日也讓我可以數算神的祝福，並向天父更多地表達感謝之情。人生有許多的不容易，但還是很棒。提摩太前書六章 17 節那裡說：「神厚賜百物給我們享受。」透過守安息日，你將能在那天讓自己在身體、精神、情緒都得著恢復並重新得力。

下次當你覺得沮喪或是備受攻擊的時候，請花點時間獻上感謝吧。拿起筆和紙，並開始記下你很感恩的事項，你肯定會訝異如此做竟可以讓你感覺這麼棒。求神的靈幫助你找到最適合自己休息和充電的方式吧，祂一定會讓你知道的！祂會為你加滿那些見底了的油箱，並且讓你和身心都被更新。

怎麼沒有講到靈呢？安息日會讓你有機會大大充滿四大量表中最重要的那個。請容我再與各位分享我學到了哪些事，可以確保這件事一定會發生。

為最重要的量表充滿電

每天有段與神安靜獨處的時間，會是很棒的屬靈紀律；如果每天可以有段時間來與這位天父聊聊天和敬拜祂——不論是在一天剛開始，或是準備上床睡覺前——都可以幫助你確保自己的靈命量表電力不會過低。我都會鼓勵 Gateway 教會的同工，每天至少要花十五分鐘這麼做。

不過，也有些神渴望在你的裡面或透過你來完成的事，是無法在你每天要出門前的那短短幾分鐘裡做成的。安息日真正的大能其實是在於願意花時間——留時間給你和這位愛你到願意把自己獨生愛子都為你而捨的神，好讓你們可以彼此連結。在你休安息日的那天，明確訂出哪

段時間是要保留給與神互動，這點十分重要。可是實際該怎麼做好呢？在本書即將進入尾聲前，請容我與各位分享在我與主一起休安息假的時候，祂是如何大大幫助我持續做到這點的四個步驟。

1. 靜下心（除了神的聲音之外，其他的雜音通通閉耳不聽）

一個禮拜下來，經常會有許多聲音和想法不斷地在腦中縈繞打轉，每一個都想獲得我們的關注。但這些大都會使我們心裡被激出一些負面的情緒感受——焦慮、恐懼、怒氣和擔憂等，這恐怕還只是其中一小部分。就算是基督徒，也很常有人不論走到哪裡，都很容易被激怒或是感覺很緊繃，因為我們幾乎不斷地在看社群媒體，這只會讓這個傾向越來越嚴重和加劇。如果你看得到自己的魂——也就是意念、意志和情緒——那看起來大概就像水面上不斷翻騰、攪動的白色浪花吧！

在我想要更深與神互動時，我總是會先去使那水平靜下來，我會讓那些聲音都安靜下來。換句話說，我會命令我的心要平靜安穩。既是詩人也作王的大衛就明白這一點，他在詩篇六十二篇 1 節這裡說：「我的心默默無聲，專等候神；我的救恩是從祂而來。」在同一篇詩篇的第 5 節裡，他甚至是直接對自己的心說話並命令它「我的心哪，你當默默無聲，專等候神，因為我的盼望是從祂而來。」當你感到焦慮、煩躁或是很激動的時候，你的心恐怕會滔滔不絕地一直講。可是那反而正是你最需要聽見主說話的時候，只不過，你的心往往會想要不停地碎碎唸下去。詩篇四十二篇的一整篇，幾乎都是大衛在對自己不安的心喊話：

我的心哪，你為何憂悶？
為何在我裡面煩躁？
應當仰望神，因祂笑臉幫助我；
我還要稱讚祂。[1]

　　你看，你的心還以為自己才是老大。或許在重生得救之前，你「過去」還真的都被它吃得死死的。那時候你的靈還沒有甦醒，所以常常都是你的心在獨挑大樑。可是一旦神使你在基督耶穌裡靈裡甦醒過來，真正該作老大的，是你重生之後的靈。不過，你的心可一點都不喜歡被告知該做什麼，它可能會像個小嬰孩一樣，只要一不順它的意，就開始大發脾氣。這就是底下大衛在詩篇一百三十一篇 2 節裡所寫的：

　　我的心平穩安靜，好像斷過奶的孩子在他母親的懷中；我的心在我裡面真像斷過奶的孩子。

　　當孩子還在喝奶的時候，很可能只要一在媽媽腿上就想喝奶。嬰兒如果得不到自己要的，就會立刻開始吵鬧、不安亂動和很難安撫。可是只要孩子一斷奶，這時候再坐在媽媽腿上，就只是想被安撫和休息，這是大衛在講到自己的心時所描繪出來的圖像。能夠使你的心安靜下來的一件事，就是被神抱在懷中。爬到天父的腿上，讓自己的心靜下來吧。

> 爬到天父的腿上，讓自己的心靜下來吧。

2. 專注自己的思緒（轉向神）

　　你有試過讓頭腦放空什麼都不要想嗎？實在是不可能，人真的沒有辦法直接讓大腦放空。因此，當你的心安靜下來之後，很重要的是，你必須專注在某件事情上。而如果你的目標是要與神互動，那麼很明顯地，你就必須把注意力放在祂身上。

　　有次，我專注在錯誤的東西上，主讓我學到了一個既難忘又慘痛的教訓。好多年前，我受邀去某間教會講道，說老實話，他們的敬拜團技巧不是很好，當聚會中大家開始一起唱詩歌敬拜時，我馬上就注意到主領經常走音，也幾乎立刻又發現樂手們的拍子都沒有對好，然後好像和弦也彈錯了好幾次。當我注意到那些出錯的點後，我開始更仔細去聽還有哪裡唱錯、唱錯。「今天的音控也沒有把現場的聲音調得很好。」我記得當時是這麼想的。不知不覺中，我心裡一直在統整今天這場敬拜到底有哪些沒做好和不合格的地方。

　　記得我當時心想：「哇，他們的敬拜真的需要加強耶，這樣真的很不好。聽到這樣的音樂，誰有辦法好好敬拜呀？」就在我腦中閃過那個問題的瞬間，我稍微看了一下左右，卻發現只有我自己注意到這些技巧上的不足，我的目光也馬上看到走道旁有位女士，正抬頭仰望並臉上掛著兩行眼淚。

　　「她就有辦法，」天父用祂熟悉且溫柔的聲音對我說：「你站在這裡批評東批評西，而她卻是在敬拜我。」

　　不由分說，我當下立刻悔改。「主啊，對不起，求祢饒恕我。」

後來當我想到這個事件，我感覺好像主是在對我說：「羅伯特，有件事你必須要明白。當一個人在歌唱的時候，我聽的不是他們的聲音，而是他們的心。我不是屬肉體和血氣的，我是靈，因此當你敬拜的時候，我不是在聽你聲音震動所產生的物理聲波，我聽的是你的靈在對我訴說的話，當你的靈在說的是仁愛、感謝和敬拜的時候，那個美妙的程度是超越你所能理解的。」

你認為神會比較喜歡哪一個呢？某個技巧很棒的美妙歌聲，但是內心卻是冷冰冰和硬得像石頭一樣？還是雖然有點走音，但那聲音卻是發自一顆充滿感激和敬畏的心呢？

> 專注在神的良善上是最有力量、也最有可能帶下轉化的一件事。

沒錯，我們必須專注在某件事情上，而專注在神的良善上是最有力量、也最有可能帶下轉化的一件事。我有提過感恩的力量，也曾建議各位要寫下自己的感恩事項。事實也證明，讓自己內心和口裡都充滿感謝，尤其是唱出滿懷感恩的歌，是來到神面前最完美的方式。大衛的詩同樣也證實了這一點，詩篇一百篇說：

> 普天下當向耶和華歡呼！你們當樂意事奉耶和華，當來向
> 祂歌唱！你們當曉得耶和華是神！我們是祂造的，也是屬

祂的；我們是祂的民，也是祂草場的羊。當稱謝進入祂的門；當讚美進入祂的院。當感謝祂，稱頌祂的名！因為耶和華本為善。祂的慈愛存到永遠；祂的信實直到萬代。[2]

你要怎麼進入神的同在呢？透過歌唱！有次我與主聊到這點，我聽見祂這麼說：「我每天都會賜給你一首歌，那首歌就會是你那天進入我同在的關鍵。」現在每當我來與主相會的時候，我都會先讓自己的思緒安靜下來，讓自己的心滿懷感激，接著，我就會側耳聽，看看神那天要給我哪首歌。祂一定都會讓我想到某首歌，有時候我會一起床就想到某首敬拜詩歌，而那首歌就會是我一整天進入神同在的關鍵。

神也希望你每次休安息日的時候，都可以有首專屬於你和祂的歌。你只需要去聽那首歌，如果想要跟著唱出來，就這麼做吧，但若真的不想也不用勉強，更重要的是，讓自己專注在祂身上。帶著感恩的心對主歌唱，會使你更專注在神身上，音樂和敬拜會是你在主面前安息的重要元素之一。一旦進入了祂的同在，就說明你已預備好要與祂更近一步地彼此交流了。

3. 照著心懷意念去禱告（與神聊天）

接下來，這個步驟其實非常簡單，就是像跟別人聊天一樣地去與神聊天。因為神是有位格的，祂也有祂的性格。「禱告」其實就是與神聊天的屬靈用語。那該聊什麼好？不論你在想什麼、掛心什麼，就講什麼。你不用為世界和平或是烏茲別克的宣教士禱告，除非那就是你很掛心的

事，那當然沒問題。你也不用為所有美國參議員們一一提名禱告，除非是神的靈感動你這麼做。

祂是你的天父，可以和祂聊聊什麼事情讓你感覺很有負擔。你一定是在為自己有負擔的事情禱告時，才會禱告得很火熱，可能是為你的另一半或是孩子禱告。也有可能是工作、生意或是財務，為什麼禱告倒不是重點，只要那是來自最真實的你。

如果你照著這個建議，開始把生活中很個人的那些部分帶到神的面前，總有一天，你會聽見撒但小聲地在你心裡用一個天大的謊言來欺哄你，可能會莫名地跑出一個想法：「你這樣很自私耶。」當你開始把自己所顧慮的事帶到神的面前來時，仇敵總是會來告訴你：「哇喔，你真的是個自私到底的傢伙耶，你居然花這麼多的時間為自己的生意還有財務狀況禱告」，或是「……為你的孩子禱告。」或是「……為你的人際關係禱告。」通常你最有負擔的領域，這個指控往往就會衝著那部分而來。那句話很容易讓人上當的原因是，它乍聽之下很「宗教」正確。畢竟每個基督徒都曉得，我們理當要關心他人更甚於關心自己。

你看這個與你的心為敵的，也會是你與神親密關係之間的仇敵，祂專門用一些很崇高、聽起來很高尚的理由來破壞你與天父的連結。祂還對耶穌引用聖經，說萬一祂掉下去的話，叫天使把祂接住就好了。還記得當馬利亞因為出於敬拜和敬虔的行動，用珍貴的膏油來抹耶穌的時候，猶大的反應是什麼嗎？他試著要讓她覺得自己這麼做很糟耶！他抱怨說，這瓶香膏如果拿去賣錢的話，就可以有一大筆錢去賙濟窮人了。可是福音書作者有確保我們要明白猶大根本一點都不在意窮人，他講得

好像在宗教上很站得住腳，但那只是為了不讓耶穌與祂愛的人，可以有段寶貴和親密的敬拜時光。

如果你聽見那個控訴你的聲音，請務必用下面這段話來回應：

「對啊，我就是會與神聊我的公司，因為那其實也不真正是我的公司，而應該是祂的公司才對，如今我也不再只屬於自己，因為我已被神用重價贖回（哥林多前書六章20節）。因為我是屬神的，我所掌控的一切也都屬祂，我只不過是個管家。因此，沒錯，我確實會與神聊我為祂營運的這間公司。而且我還會跟祂討論公司裡的每件大小事，希望尋求祂的智慧，並求祂賜下祝福與恩寵。我生活中的其他層面——我的家、家人、人際關係、財務狀況和我的未來，我會一一地都這麼做。如果我在意，祂就也會在意，因為一切其實都是屬祂的，我不過是為祂管理罷了！」

▌ 請務必告訴神，你在掛心什麼。

請務必告訴神，你在掛心什麼，尤其如果是安息日那天與神在一起的時候，你更該這麼做。請小心地記下腓立比書四章 6 節的這段話：

應當一無掛慮，只要凡事藉著禱告、祈求，和感謝，將你們所要的告訴神。

請注意，這裡並沒有說要將每個人所要的告訴神，而是：「將你們所要的告訴神。」下1節可以看到這麼做帶出什麼結果：

神所賜、出人意外的平安必在基督耶穌裡保守你們的心懷意念。[3]

換句話說，耶穌將會讓平安拿把獵槍守在你的心門口，對擔憂、焦慮還有壓力說：「不行，你們誰也別想進來。」

等你（1）靜下心，（2）專注自己的思緒和（3）照著心懷意念禱告完後，接下來呢？與神在安息日相遇的下一步是……

4. 心意更新而變化（讓神對你說話）

是的，告訴神你想說和需要說的一切很重要。不過，讓祂對你說出祂想說和需要說的話，可是更重要的一件事。是的，神很想跟你說話——而且是清楚且帶有大能地說出。事實上，聽見神要對你說什麼才是改變和成長的關鍵。事實真是如此！

> 神很想跟你說話——而且是清楚且帶有大能地說出。

所以，弟兄們，我以神的慈悲勸你們，將身體獻上，當作活祭，是聖潔的，是神所喜悅的；你們如此事奉乃是理所

當然的。不要效法這個世界，只要心意更新而變化，叫你們察驗何為神的善良、純全、可喜悅的旨意。[4]

只要心意更新而變化——就是用屬靈的真理去取代那些謬誤和謊言——就能夠由裡到外地徹底改變，那將會使你生命的每個領域都完全地翻轉。要做到這點，就必須讓神對你說話！（當然了，還必須相信祂所說的話才行！）

神能夠、也必會用許多不同的方式對你說話，包含透過其他人，或是聖靈在你裡面的聲音，不過，在這諸多方法中最基本的可靠辦法，莫過於是帶著禱告的心來讀神的話語，也就是聖經。幾乎每次當我在安息日，帶著一個渴望聽見神說話的聲音打開聖經時，我幾乎一定都會聽見祂對我說話。有時候可能是領受教導，有些時候則是安慰、全新眼光、力量、平安或是智慧。我常會在自己真的很需要聽見神說話時，去求聖靈告訴我應該要翻到哪裡和該讀什麼。

我記得有次當我這樣做，當時的經歷使我人生方向整個改變。直到如今，我還是可以告訴你，那是哪天發生的事：就是 1999 年 9 月 16 日。

當時，我與神一起在休安息假，當我一邊與主分享我的負擔和心裡的擔憂時（步驟三）。我已經與祂聊過我未來的事工，當時我在一間很棒的教會已經全職服事了幾年，可是我裡面感覺好像就快到該去做下一件事的時候了。就在我禱告完之後，我拿起聖經問主說：「神啊，接下來祢要我讀什麼呢？」我很清楚地聽見祂說：「創世記三十五章和申命記十一章。」

我不假思索地翻開到創世記三十五章，那正是雅各很努力地想要知道神對他接下來的命定與計畫的一段經文。那一章開頭的那句話，彷彿跳到我眼前似的，神的靈不光為我劃底線，還用黃色螢光筆劃記：

> 神對雅各說：「起來！上伯特利去，住在那裡；要在那裡築一座壇給神……」[5]

我曉得「伯特利」那個地名的意思是「神的殿」，當我一讀到那節經文，聖靈馬上就在我心裡對我說：「我要你搬到南湖（Southlake），並在那裡創辦一間教會——那裡將要作為神的殿。」當時南湖是位在達福都會區（Dallas-Fort Worth metropolitan area）北郊的一個小城市。

後來我繼續讀下去，神也就展開了祂對於 Gateway 教會的心意，甚至連教會的名字都告訴我了！我又往前翻了幾章，去看雅各為伯特利取名的那個故事。那是創世記二十八章，雅各晚上睡在荒郊野外，他直接睡在地上並拿了顆石頭當枕頭。在他睡著的時候，他看見了不可思議的異象，有天使在天與地之間上去下來。當雅各醒來的時候，他說：

> 就懼怕，說：「這地方何等可畏！這不是別的，乃是神的殿，也是天的門。」[6]

被取名為「神的殿」的那地方也是「天的門」（Gateway to Heaven）。當我讀到那裡，我全身上下的每個細胞都在呼喊：「就是

它！」主的靈讓我很清楚明白，我即將要建立的這個神的殿，將會是許多人得救和更靠近神的地方 —— 也就是一個通往天和一切屬天之事的門。Gateway 教會就這麼隨之誕生了，而我領受這一切的那天，恰好就是我分別為聖的安息日！

> 聽見主說話的聲音，是我們作為神兒女的權利之一。

神也渴望對你說話，透過神的話語和聖靈在我們裡面的微小聲音，聽見主說話的聲音，是我們作為神兒女的權利之一。約翰福音十六章那裡，就當耶穌準備要上十字架前，祂向門徒們解釋自己離開對他們來說是好的，因為這樣父才會差派聖靈來幫助他們。耶穌這麼形容聖靈來要做的工作：

> 只等真理的聖靈來了，祂要引導你們明白（原文作進入）一切的真理；因為祂不是憑自己說的，乃是把祂所聽見的都說出來，並要把將來的事告訴你們。祂要榮耀我，因為祂要將受於我的告訴你們。[7]

聖靈在你生命中要成就的工作何其美好與寶貴。祂要完成的任務如下：

- 引導你進入一切真理
- 告訴你那將來的事
- 對你宣告主正在思考和在做的事情

　　你對哪幾項感到有興趣呢？你想要被牽引進入真理，還是寧願相信謊言和受欺哄呢？你難道不想要知道，接下來將要發生什麼事，好讓你可以好好禱告、預備和計畫嗎？你難道不想知道，神對你這一生的旨意是什麼嗎？我相信上述每個問題你的答案都是肯定的，神的靈也預備好、願意並且完全有能力做成祂在你生命中所要成就的每件事，但唯一可能攔阻我們去經歷的阻礙，就是忙碌和不斷在聽的噪音。不是神沒有說話，而是當我們生活忙得團團轉和一團亂的時候，那些喧囂使得我們無法聽見神的聲音。

　　這就是每個禮拜好好確實休安息日所具有的大能。刻意並用心地營造出能夠休息的空間與時段，遠離一直喋喋不休的電子用品，找到那份平靜，讓內心的那股洶湧波濤平靜下來。爬到天父的大腿上，帶著感恩和期待的心，全神貫注地定睛在祂身上。接下來，仔細用心裡的耳朵去聆聽祂的聲音。相信在這樣的環境底下，你必能聽見神在說的話。

敬請回覆（RSVP）

　　兩千年後，耶穌滿有恩典的邀約仍然有效：「凡勞苦擔重擔的人可以到我這裡來，我就使你們得安息。」本章一開頭，我引用了這段大家

耳熟能詳的經文，只不過用的是一個優美的現代闡述版本——英文的信息版聖經（The Message）。我想有必要在這裡再放一次：

「你累了嗎？你是否感到筋疲力竭、受夠了宗教了呢？來
到我這裡來，與我一起離開這一切，你將能夠重新得力。
我會讓你知道如何真正地好好休息，與我一起同行、同
工——來看我怎麼做，學會不靠蠻力的恩典節奏。我不會
把任何太重或是不適合你背的東西，放在你身上；與我作
伴你就會懂得怎麼自由和輕鬆過生活。」[8]

「不靠蠻力的恩典節奏……」

我好嚮往，你呢？這位美好救主要我們收下的這個邀約真是太驚人了，祂是滋養和賦予我們能力的那棵葡萄樹，祂只說：「常在我裡面，你就必多結果子。」祂也是那位會領我們到可安歇的水邊又使我們靈魂甦醒的大牧人；祂是那位能夠憐憫我們軟弱的大祭司，因為祂曾降世為人。祂是活水江河，祂說只要我們來喝了這水，不僅會被更新，也永遠不會再渴。這是那位滿有大能卻又溫柔的勇士王者，祂正在邀請你，每週可以有一天把手中嗶嗶作響的手機放下，並在天涼的時候與祂一同散個步，好讓祂可以告訴你那些你還不曉得的美好大能之事。祂在啟示錄三章 20 節這裡這麼說：「看哪，我站在門外叩門，若有聽見我聲音就開門的，我要進到他那裡去，我與他，他與我一同坐席。」

在祂提出這個充滿恩典的邀約時，你會說什麼？你會怎麼回覆呢？是「我太忙了」嗎？還是「我現在手邊事情太多」？真的假的？

耶穌在地上剛出來服事的時候，有次祂看著一小群人並說：「來跟從我。」請想像一下，這位大家等候已久的彌賽亞、神的兒子、天國君王，是神道成肉身的那一位，正在邀請你與祂一起同行和聊聊，好叫你可以從祂身上學習，以及與祂一起同工服事。

但有個人說：「主啊，請讓我『先去』埋葬我的父親。」當時要埋葬自己所摯愛的人，整個過程大約要費時一年的時間。首先，要先用帶有香氣的蠟和油去膏抹屍體，接著，要把屍體擺在墳墓的架上，直到屍體腐化到只剩下骨頭，那需要至少一年的時間。要用帶有香氣的油膏去膏抹，主要是為了蓋過屍體腐化的臭味，接著，再撿骨並裝進一個罈子裡，這樣歷代以來的同一家人就可以共用一個墳墓。這個人在說的是：「我必須再花幾個月的時間，負責處理我父親的後事。等那一切都辦好，我就會來與祢同行了。」接著，又有另外一個人說：「主啊，我會跟從祢，但是讓我『先去』與我家裡的人告別吧。」[9]

換句話說，這兩個人的答覆都是：「我願意，但不是現在。」兩個人都受邀要與耶穌一同前去，但也都因有事而拖延了。他們倆都認為有別的事必須「先去」處理，也都是出於好意；那些他們必須「先去」完

成的事情，當下看起來都還挺重要的。但他們錯了，也就自此錯失了那個大好良機。如今耶穌也在對你提出同樣的邀請，就像祂過去怎麼邀請那些很忙的人一樣。那你會如何回覆呢？

可以容我這麼告訴你嗎？要想活出喜樂、豐盛、平安、滿有大能和多結果子的基督徒生命，祕訣其實再簡單不過：讓神居首位。我可以向各位保證——更重要的是，神的話也這麼應許——當你讓神居首位的時候，其餘的事都會逕自成就。讓神在你的關係上居首位，也讓祂在你的財務和時間上居首位吧！

> 讓神在你的關係上居首位，也讓祂在你的財務和時間上居首位吧！

親愛的朋友們，守安息日是生命，而非律法；它是個邀約，而非義務；是個恩賜，而非任務。請拆禮物，開始這麼過生活，並且接受這個邀約。

什麼時候開始？

現在就做！

1. 詩篇四十二篇 5 節

2. 詩篇一百篇 1 ～ 5 節

3. 腓立比書四章 7 節

4. 羅馬書十二章 1 ～ 2 節

5. 創世記三十五章 1 節

6. 創世記二十八章 17 節

7. 約翰福音十六章 13 ～ 14 節

8. 馬太福音十一章 28 ～ 30 節（直譯自英文信息版聖經）

9. 見路加福音九章 57 ～ 62 節

無論您在哪個教會支派和事工，我們都是主的門徒！
為要在亞洲高舉耶穌的名，看見亞洲為耶穌！

天國文化，一個幫助教會活出「在地如在天」的指南，渴望看見五重職分被恢復更新，信徒們各按其職發揮恩賜與才幹，教會充滿了能力、榮耀與屬天的喜樂。這是神呼召我們跟隨的旅程，更是一個邀請你一起同行的旅程。

—— 周神助牧師

天國文化
裝備課程
規劃不同主題課程，全方位、深入淺出傳遞天國文化的精髓。

建造榮耀的
教會
籌備各類特會與培訓活動，使教會擁有健康體質。

多元化
媒體事工
出版書籍、有聲書及各樣屬靈資源；並經營媒體事工，透過網路傳講天國真理。

天國文化
門訓列國

國度網絡連結
舉辦牧者退修會與論壇、三代牧者恩寵之旅，跨越世代及跨教會的連結，攜手走入台灣的命定。

贏得
下一個世代
舉辦青年福音性營會、奮興挑旺特會及佈道會，服事下一個世代。

接待神同在
代理發行國外敬拜讚美專輯、製作約書亞樂團中文專輯，並開辦敬拜學校與敬拜團培訓課程，為君王預備道路。

 Asia for JESUS 國度豐收協會

藉著您的代禱、祝福與奉獻支持，我們將一同發揮最大的功效，以天國文化來影響台灣、亞洲甚至全世界！

線上刷卡奉獻

相關奉獻資訊請上 Asia for JESUS 官網，或來電 02-27085007 分機 117 財務部洽詢

成為 Asia 之友　與我們一同站立

Asia for JESUS不是一個組織，是一個異象。盼望您用實際行動與我們連結，成為「Asia for JESUS之友」

如何加入 Asia之友	1. 以信用卡每月定額奉獻 NT200 元以上（至少為期一年）。 2. 不定期奉獻，累計滿 NT2,400 元以上，即成為「Asia 之友」，享有相關權益。
Asia之友 權益說明	1. 年度奉獻達 NT2,400 元（含）以上者，獲得每期《亞洲復興誌》（海外奉獻者將收到 PDF 檔）。 2. 年度奉獻達 NT3,600 元（含）以上者，再獲得「約書亞樂團年度最新專輯」一張。 3. 年度奉獻達 NT6,000 元（含）以上者，再獲得當年度 Asia for JESUS 特會「學員報名最低優惠價」並「Asia TV特會信息免費觀看一年」（未含裝備課程系列及有聲書系列）。

請將以下表格填妥傳真至（02）2708-5045，或郵寄至 台北市10659 建國南路二段201 號12 樓

社團法人中華民國國度豐收協會信用卡奉獻單

個人 基本資料	姓名：　　　　　　　　　　電話： E-mail：_____ 通訊地址：□□□-□□_____ （請務必填寫，以便將相關資訊寄給您。） ▲為響應環保愛地球，Asia for JESUS可代為上傳奉獻資料於國稅局作為個人年度綜合所得稅報稅之用，若欲由本單位代為上傳，請填寫身分證字號：_____
Asia for JESUS 之友	每月：□200元 □300元 □500元 □其他：每月_____元 單次奉獻：□2400元 □3600元 □6000元 □其他：_____元
奉獻期間	□自____年____月至____年____月（請務必填寫完整以免影響會員權益） □自____年____月至通知取消或變更授權為止
信用卡	□聯合信用卡　□VISA　□MASTER　□JCB　（若欲使用銀聯卡，請至官網線上奉獻） 發卡銀行：_____ 簽名：_____（與卡片背面簽名一致） 信用卡號：_____ 有效期限：____年____月 信用卡末三碼：_____
收據發票 寄送地點	收據寄發方式：□年寄 □單次寄（限單次奉獻）　□不需寄 抬頭／姓名：_____ 聯絡電話：（M）_____ 地址：_____

用卡注意事項

卡人同意依照信用卡使用約定，一經使用或授權，均應按所示
全部金額，付款予發卡銀行。
確保您能儘快收到奉獻收據，請務必清楚填寫信用卡相關資料
親筆簽名。
接受大來卡。

4.如您的信用卡到期或銀行印鑑變更，請重新填寫扣款授權書。
5.如欲終止奉獻，請以書面通知扣款授權單位及來電通知本會。

【特別聲明】本「信用卡奉獻單」所填寫之個人資料，僅限社團法人中華民國國度豐收協會於相關作業範圍內使用（蒐集及處理）您的個人資料，所有資訊都將保密不另作它途使用。

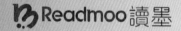

VISION 異象工場 官方商城

全新改版！
購物品質全面升級！

加入會員
即贈 **50** 元 購物金！！
★ 首購即可使用！

> 1. 操作介面清楚易懂
>   簡單3步驟迅速結帳

2. 消費享購物金回饋
   下次消費折抵無上限！

3. 無論使用電腦、平版、手機
   都能讓你輕鬆購物！

國家圖書館出版品預行編目 (CIP) 資料

好好休一天 ／ 羅伯特．莫里斯 (Robert Morris)
著 ； 王建玫譯．-- 初版．-- 臺北市：社團法
人中華民國國度豐收協會附屬希伯崙異象工場，
2022.09
　　面； 公分
譯自：Take the day off.
ISBN 978-986-06076-9-7(平裝)

1.CST: 基督徒 2.CST: 生活指導

244.98　　　　　　　　　　　111013895

好好休一天

作　　者／比羅伯特・莫里斯（Bill Johnson）　　執行編輯／鄭斐如

譯　　者／王建玫　　　　　　　　　　　　　　文字編輯／李懷文、徐欣嫻

譯　　審／周巽光　　　　　　　　　　　　　　　　　　　陳怡慧

封面設計／Edward A. Crawford　　　　　　　美術編輯／陳于丹

出版發行／社團法人中華民國國度豐收協會附屬希伯崙異象工場

　　　　　10659 臺北市大安區建國南路二段 201 號 12 樓

　　　　　郵撥帳號：50116104　　戶名：社團法人中華民國國度豐收協會

　　　　　電話：（02）2707-7771　　傳真：（02）2706-8971

異象工場　　　異象工場　　　約書亞樂團　　　約書亞樂團
官方商城　　　Facebook　　　YouTube　　　　Facebook

Asia for JESUS　　Asia for JESUS　　Asia TV　　　台北靈糧堂
國度豐收協會　　YouTube　　　　　　　　　　　青年牧區

製　　作／天恩出版社

　　　　　電話：（02）2515-3551　　傳真：（02）2503-5978

　　　　　網址：http://www.graceph.com

出版日期／2022 年 9 月初版

年　　度／28 27 26 25 24 23 22

刷　　次／07 06 05 04 03 02 01

ISBN　978-986-06076-9-7

Printed in Taiwan.